# 夢みる刺繍

## läpi läpi

文化出版局

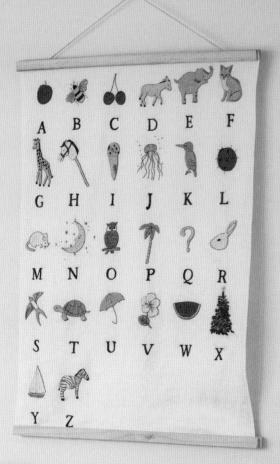

はじめに

この本は、「思い出」や、「希望」「想像」をテーマに、
大切な人たちを思い浮かべながら図案を考えました。
掲載作品は、それらを日常に取り入れやすいような
デザインにしています。

大切なかたと思い出や希望を共有し、
「これまでのこと」や、「これからのこと」を
お話する機会となれば幸いです。

刺繍はたいへん時間のかかる作業ですが、
忙しい日々の中でも、
ふと心を落ち着かせる時間を提供してくれます。
忙しい現代だからこそ、自分自身と向き合う時間を作る
きっかけになればうれしいです。

一針一針が、あなたにとって
かけがえのない時間となることを心より祈っています。

läpi läpi

Contents

アイスクリーム

See
page
41

すぐに溶けてなくなってしまうからこそいとおしい。
一瞬の幸せを感じるおいしいモチーフ。

できたらいいな、を図案にした
4段タワーアイス。
アイスの味はお好みで。

ペンケース

See
page
42

7

See
page
46

巡礼の象徴である帆立貝から着想した
貝殻を集めたモチーフ。
日々の暮しから離れてこそ感じる、
日常のすばらしさがテーマ。

大海にこぎ出すヨットのモチーフ。
どんな困難も乗り越えるという
チャレンジ精神をあらわします。

トートバッグ See page 44

9

ダルメシアン

See
page
48

輪くぐりジャンプにリフティング。
強くてしなやかな
ダルメシアンのモチーフに、
子どもの健やかな成長を願って。

犬
See
page
49

テリア、ダックス、コッカースパニエル、
プードル、ウェスティ、ドーベルマン。
犬種ごとに違うフォルムのおもしろさ。

秋のブローチ
See
page
50

実りの秋を彩るブローチ。
深みのある色合いとラメ糸で、
シックな秋にきらめきを。

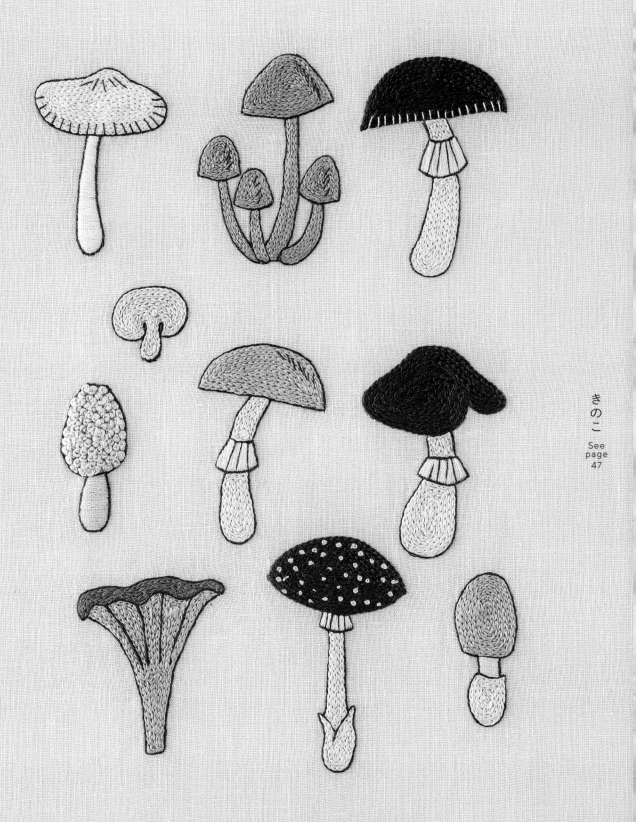

きのこ

See
page
47

欧州では見つけた人に幸せが訪れると伝えられるきのこ。
幸せのシンボルをふんだんに集めたhappyな図案。

野
の
花

See
page
54

シンプルなフォルムに、
力強く咲く小さな花の
生命力を感じて。

がま口ポーチ

See
page
52

ちょうちょがとまる、
その瞬間を糸で描きます。

クリスマス

See
page
55

もみの木にかこまれているのは、
願いを込めたモチーフ。
聖なる日を、永遠の幸福を思いながら迎えて。

c

a

b

永遠の思いをつなぐ
ツリーの上に、笑いを誘う
ひょうきんなピエロ。

クッション

See
page
58

テキサスの乾いた大地が
はぐくむサボテンと、
ロデオに励むカウボーイ。
ワイルドでたくましい光景。

猫の巾着
See
page
60

b

a

気がつくと、こっそりこっちを
見ている猫。かわいくてユーモラスな、
耳つきの巾着。

魚には気づいているの？
自由で気まぐれ、おとぼけ感のある
猫たちのブローチ。

猫のブローチ
See
page
50

遠い昔から、人々を魅了してやまない星空。
夜空に見立てた青い布に、
思いをのせた物語を紡ぎます。

純潔な乙女にだけ
心を許すというユニコーン。
けがれのない心を持ち続けてほしい
という願いを込めて。

ブックカバー
See
page
63

23

世の中には多種多様な
おもしろいものがあることを
子どもにも知ってほしいという気持ちから、
アルファベットサンプラーに。

N O P Q R

S T U V

W X Y Z

タペストリー
See page 64

蜂と王冠

See
page
72

蜂の巣をイメージした
幾何学模様の中に
王冠を配して、
ロイヤルな雰囲気が
漂う連続柄。

26

刺繍を主役にデザインした、
小ぶりで使いやすいサイズの
ワンハンドルバッグ。

バケツバッグ

See
page
70

花のリース

See
page
76

ガーデンフラワーを
つないで作った可憐なリース。
バースボードやウェルカムボードにも
ぴったりの図案。

コインケース

See
page
74

b

a

クッキーの図案を
ピックアップしてコインケースに。
大きさや色をアレンジすると
印象もぐっと変わります。

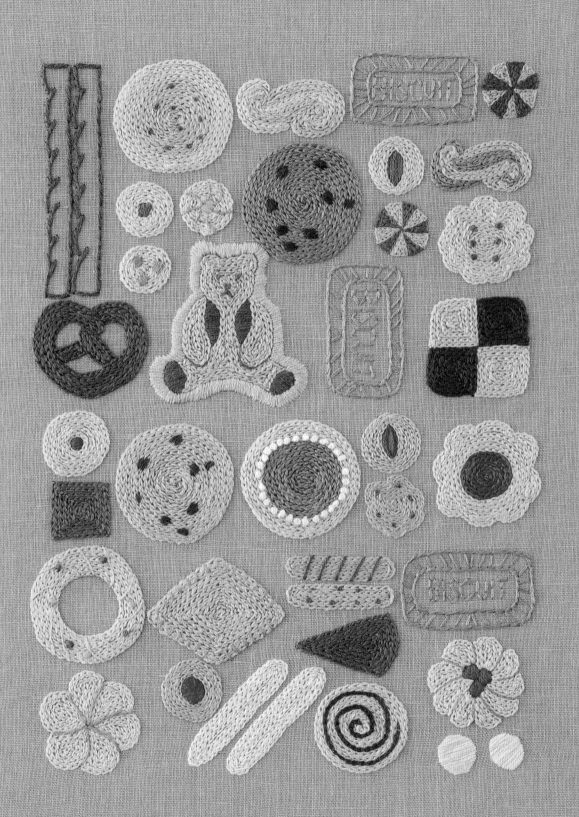

クッキー缶
See
page
73

様々な形のクッキーを並べることで、
アソートクッキーの楽しい世界を表現。

31

a

連続模様
See
page
78

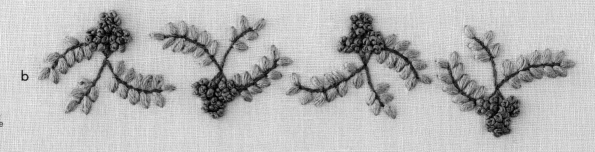

b

c

鳩は平和、ベリーは実り、うさぎは子孫繁栄の象徴。
重なる願いを連ねて刺して。

リボン

See
page
78

ベリーの図案をアレンジしてリボンに。
多くの実りがながく続きますように。

木馬
See
page
79

子ども服のモチーフにもよく使われる
木馬は成長を願うシンボル。
世界最古のおもちゃと言われています。

宇宙遊泳

See
page
82

無限の広さを持つ宇宙で散歩を楽しむような、
子どもたちの未来を思い描いて。

エンブレムをコンパクトに切り取って、
ネイビーとシルバーで。親子で使える
ノーブルなモチーフに。

ワッペン

See
page
80

エンブレム

See page 81

ライオンは勇気、虎は豪傑、鷲は高潔さ、
鹿は幸福。それぞれを、繁栄を連想させる
紋章としてデザイン。

花
See
page
83

トレリスのような格子の合間に、
春の暖かさを感じさせる花々が咲きます。
心和む春の庭の様子。

スモーキーなカラーリングにアレンジした
花々をあしらった大人のためのバッグ。

クラッチバッグ

See
page
84

# 刺繍の基本

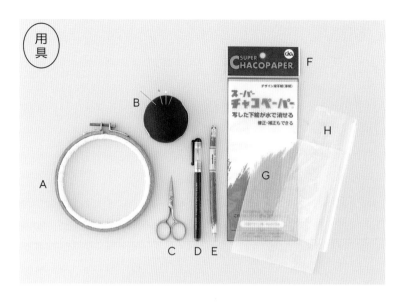

**用具**

**A　刺繍枠**
布をしっかり張るための用具。内側のフープに細く切った布を巻いておくと、布を傷めずしっかり張ることができる。

**B　刺繍針**
フランス刺繍針。針穴が大きく先がとがっている。糸の本数に合わせて太さを選ぶ。

**C　糸切りばさみ**
細かい作業に適した、先端のとがったものが使いやすい。

**D　印つけペン**
複写紙で写した図案に描き足したり、刺繍の上に図案を描くときに使う。先が細く、水で消せるものがおすすめ。

**E　トレーサー**
（書けなくなったボールペンでも可）
図案を上からなぞって、布に写すときに使う。

**F　複写紙（片面）**
水で消せる複写紙。インク面を布に当てて図案を布に写しとるときに使う。

**G　トレーシングペーパー**
本書から実物大の図案を写しとるときに使う。

**H　セロファン**
トレーシングペーパーの上に乗せ、上からなぞるときに紙が破れないようにする。

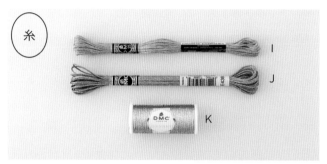

**糸**

**I, J　DMC 25番刺繍糸**
色のバリエーションが豊富な刺繍用糸。図案内の番号は糸の色番号。6本の束から1本ずつ引き抜いて使う。本書ではメタリックヤーンのライトエフェクトも使用。

**K　DMC ディアマント**
糸巻き状のメタリックヤーン。本書では、太さが25番糸2本どり程度のディアマントと4本どり程度のディアマント グランデを使用。玉結びをして刺し始める。

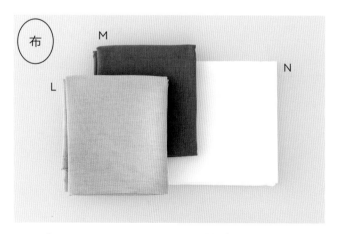

**布**

**L, M　布**
綿、麻などを使用。水通しをし、アイロンをかけて地の目を通し、接着芯をはってから刺すときれいに仕上がる。

**N　接着芯（片面接着）**
薄手の布地の裏にはると、適度な張りが出て刺しやすい。

**図案の見方**

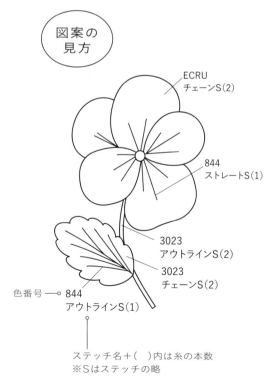

ECRU
チェーンS(2)

844
ストレートS(1)

3023
アウトラインS(2)

3023
チェーンS(2)

色番号 → 844
アウトラインS(1)

ステッチ名＋（ ）内は糸の本数
※Sはステッチの略

DMC 25番刺繍糸
157　224　355　436　676　738　844　966　976　3685
3733　3809　ECRU
**布**　やさしいリネン ペパーミント(CHECK&STRIPE)

図案（実物大）
・指定以外チェーンS（2）

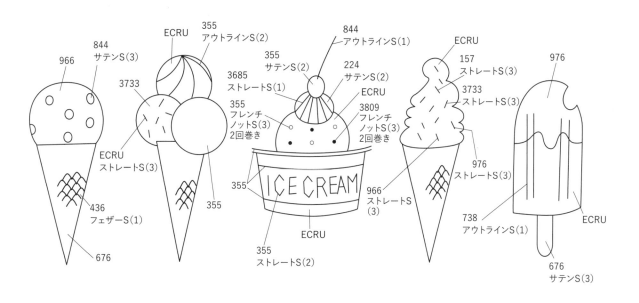

966

844
サテンS（3）

ECRU

355
アウトラインS（2）

3733

ECRU
ストレートS（3）

436
フェザーS（1）

676

355

844
アウトラインS（1）

355
サテンS（2）

3685
ストレートS（1）

355
フレンチ
ノットS（3）
2回巻き

224
サテンS（2）

ECRU

3809
フレンチ
ノットS（3）
2回巻き

355

ICE CREAM

966
ストレートS
（3）

355
ストレートS（2）

ECRU

ECRU

157
ストレートS（3）

3733
ストレートS（3）

976
ストレートS（3）

976

738
アウトラインS（1）

676
サテンS（3）

ECRU

DMC 25番刺繍糸
224　347　434　839　966　976　3041　3827
3864
**布**
カラーリネン フラワーピンク(CHECK&STRIPE)
100×40cm
**副資材**
接着芯100×20cm
長さ30cmの金属ファスナー ピンク1本
幅20mmの両折りバイアステープ120cm

**サイズ**
縦8.5×横20×まち幅5cm

**下準備**
布はあらかじめ水通ししてアイロンをかける。
接着芯をはり、粗裁ちしてから刺繍をする。

## 裁ち方

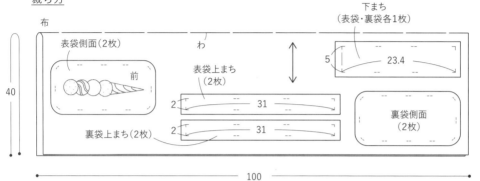

※縫い代は1cmつける
※表袋の裏に接着芯をはる
※刺繍は表袋側面の前のみ

布

表袋側面(2枚)　わ　下まち(表袋・裏袋各1枚)
前
表袋上まち(2枚)　5　23.4
40
2　31
表袋下まち(2枚)
裏袋上まち(2枚)　2　31　裏袋側面(2枚)
100

## 作り方

①上まちを作る　❶中表に合わせて仮どめする

1.5(中央を合わせる)　0.7
表袋上まち(表)　ファスナー(裏)

❷中表に合わせて縫う　1
表袋上まち(表)　裏袋上まち(裏)

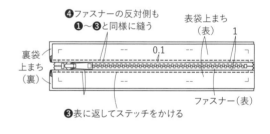

❹ファスナーの反対側も❶〜❸と同様に縫う　表袋上まち(表)　1
裏袋上まち(裏)　0.1
ファスナー(表)
❸表に返してステッチをかける

②まちを作る

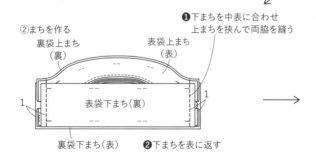

裏袋上まち(裏)　表袋上まち(表)
❶下まちを中表に合わせ上まちを挟んで両脇を縫う
1
表袋下まち(裏)
1
裏袋下まち(表)　❷下まちを表に返す

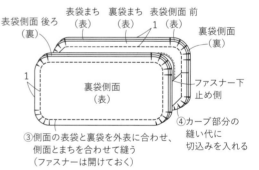

表袋側面 後ろ(裏)　表袋まち(表)　裏袋まち(表)　表袋側面 前(表)
1
裏袋側面(裏)
裏袋側面(表)
1
ファスナー下止め側
③側面の表袋と裏袋を外表に合わせ、側面とまちを合わせて縫う(ファスナーは開けておく)
④カーブ部分の縫い代に切込みを入れる

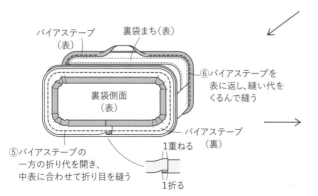

バイアステープ(表)　裏袋まち(表)
裏袋側面(表)
⑥バイアステープを表に返し、縫い代をくるんで縫う
バイアステープ(裏)
⑤バイアステープの一方の折り代を開き、中表に合わせて折り目を縫う
1重ねる
1折る

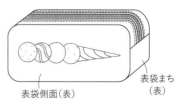

⑦表に返して形を整える
表袋側面(表)　表袋まち(表)

・指定以外チェーンS（3）

側面
（表袋・裏袋各2枚）

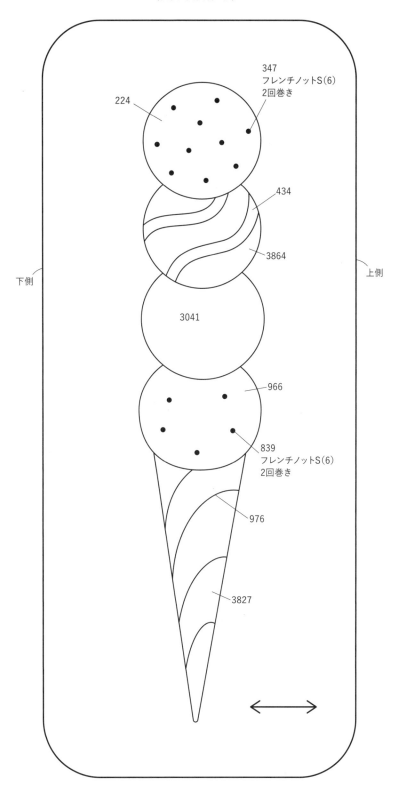

347
フレンチノットS（6）
2回巻き

224

434

3864

下側

上側

3041

966

839
フレンチノットS（6）
2回巻き

976

3827

43

トートバッグ

**DMC 25番刺繍糸**
161　356　434　436　738　844　ECRU
**布**
リネン混ダンガリーソフト シックブルー
(CHECK&STRIPE)80×80cm
**副資材**
接着芯30×70cm

サイズ
縦33.5×横23cm

下準備
布はあらかじめ水通ししてアイロンをかける。
接着芯をはり、粗裁ちしてから刺繍をする。

裁ち方

※縫い代は指定以外1cmつける
※表袋の裏に接着芯をはる
※刺繍は表袋の前のみ

作り方

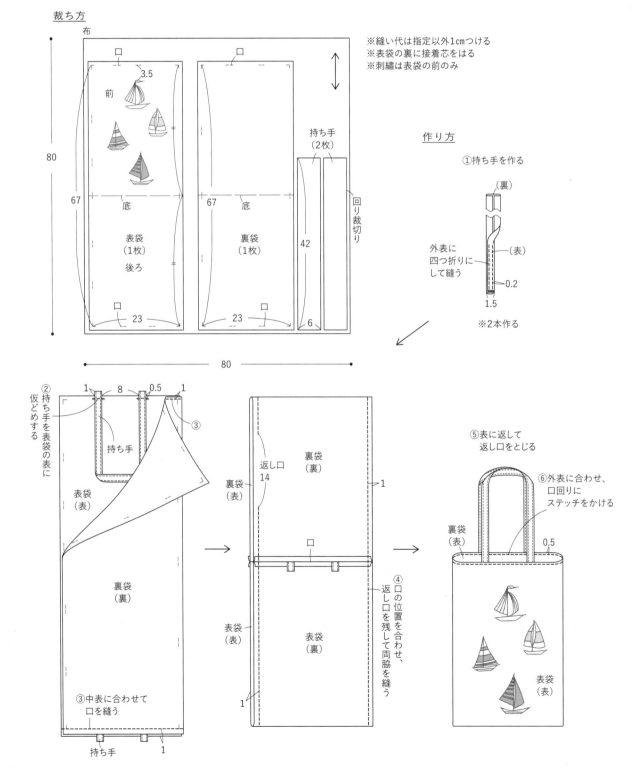

①持ち手を作る

外表に
四つ折りに
して縫う

※2本作る

②持ち手を表袋の表に仮どめする

⑤表に返して返し口をとじる

⑥外表に合わせ、口回りにステッチをかける

③中表に合わせて口を縫う

④口の位置を合わせ、返し口を残して両脇を縫う

図案（125％拡大して使用）

・指定以外チェーンS（2）

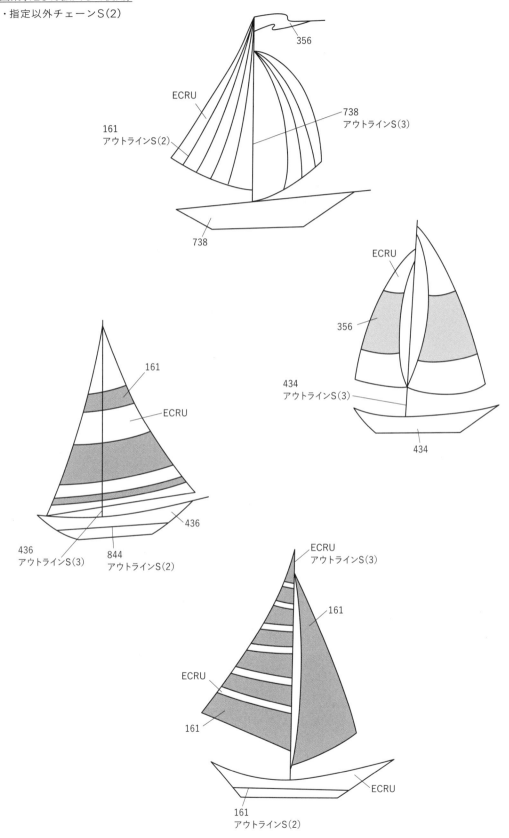

356

ECRU

161
アウトラインS（2）

738
アウトラインS（3）

738

ECRU

356

434
アウトラインS（3）

434

161

ECRU

436

436
アウトラインS（3）

844
アウトラインS（2）

ECRU
アウトラインS（3）

161

ECRU

161

161
アウトラインS（2）

ECRU

DMC 25番刺繍糸
414　453
布
やさしいリネン ラベンデューラ（CHECK&STRIPE）

図案（実物大）
・指定以外453

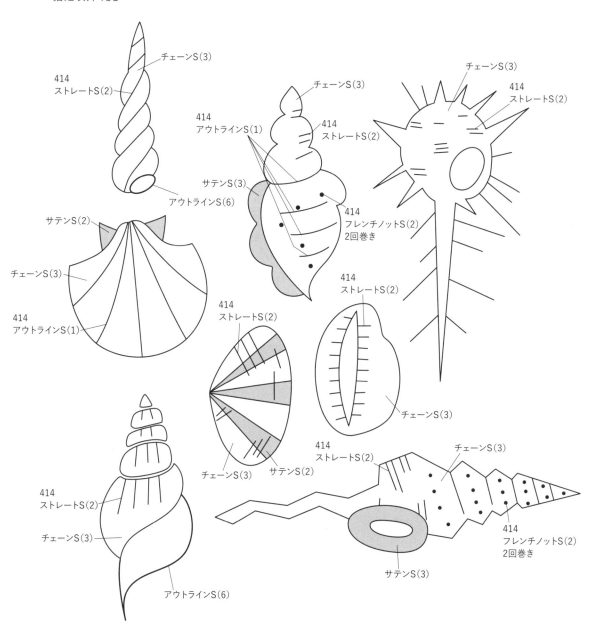

チェーンS（3）

414
ストレートS（2）

414
アウトラインS（1）

サテンS（3）

アウトラインS（6）

チェーンS（3）

414
ストレートS（2）

414
フレンチノットS（2）
2回巻き

チェーンS（3）

414
ストレートS（2）

サテンS（2）

チェーンS（3）

414
アウトラインS（1）

414
ストレートS（2）

414
ストレートS（2）

チェーンS（3）

チェーンS（3）

サテンS（2）

414
ストレートS（2）

チェーンS（3）

414
ストレートS（2）

チェーンS（3）

414
フレンチノットS（2）
2回巻き

サテンS（3）

414
ストレートS（2）

チェーンS（3）

アウトラインS（6）

DMC 25番刺繍糸
169　400　422　435　437　453　613　734　801　822　918　ECRU
布
やさしいリネン マッシュルーム
(CHECK&STRIPE)

図案(実物大)
・輪郭は801アウトラインS(1)
・指定以外チェーンS(3)

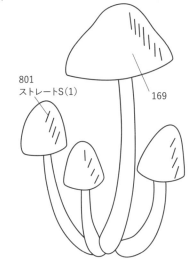

801
ストレートS(1)

169

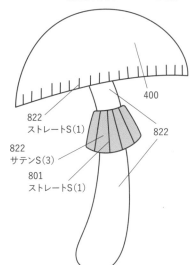

400

822
ストレートS(1)

822

822
サテンS(3)

801
ストレートS(1)

ECRU

801
ストレートS(1)

ECRU
サテンS(3)

453

613
フレンチノットS(6)
2回巻き

613
サテンS(3)

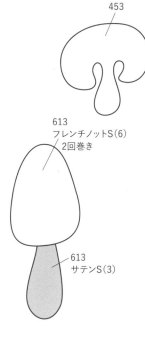

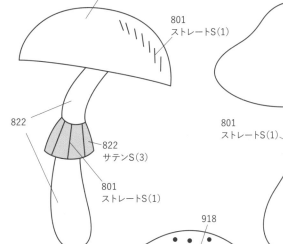

734

801
ストレートS(1)

822

822
サテンS(3)

801
ストレートS(1)

801

822

801
ストレートS(1)

822
サテンS(3)

822

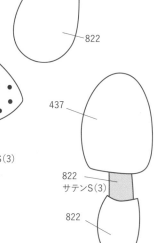

435

801
アウトラインS(2)

422

918

822
フレンチノットS(1)
2回巻き

801
ストレートS(1)

822
サテンS(3)

822

437

822
サテンS(3)

822

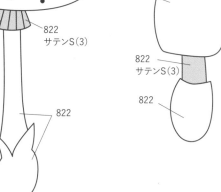

ダ
ル
メ
シ
ア
ン

**DMC 25番刺繍糸**
356　844　ECRU
**布**
カラーリネン
ライトブルー
（CHECK&STRIPE）

・指定以外チェーンS（2）

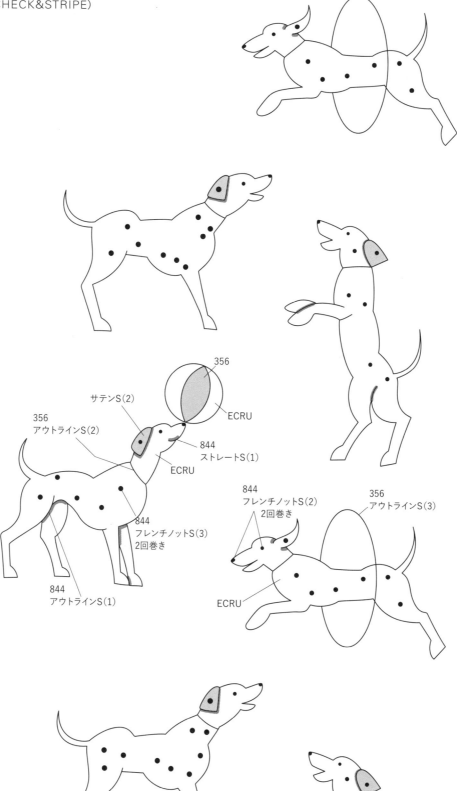

356

サテンS（2）

356
アウトラインS（2）

ECRU

844
ストレートS（1）

ECRU

844
フレンチノットS（3）
2回巻き

844
アウトラインS（1）

844
フレンチノットS（2）
2回巻き

356
アウトラインS（3）

ECRU

**DMC 25番刺繍糸**

310　433　435　535　648　841　844　ECRU

**布**

カラーリネン カーキ（CHECK&STRIPE）

**副資材**

158×227mmのパネル1枚（パネルの仕立て方p.87参照）

ファブリックテープ適宜

犬

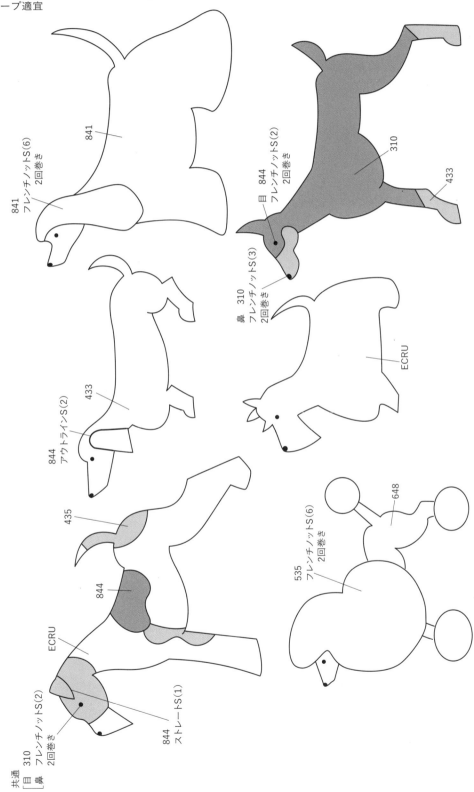

841

841 フレンチノットS（6）
2回巻き

目 844 フレンチノットS（2）
2回巻き

310

433

鼻 310 フレンチノットS（3）
2回巻き

ECRU

433

844 アウトラインS（2）

435

844

648

535 フレンチノットS（6）
2回巻き

ECRU

844

共通
［目 310 フレンチノットS（2）
　鼻 2回巻き

844 ストレートS（1）

図案（実物大）
・指定以外チェーンS（3）

| きつね | DMC 25番刺繍糸 | 712 3768 3829 |
| | DMC ディアマント | D310 |
| きのこ | DMC 25番刺繍糸 | 355 844 712 |
| | DMC ディアマント | D5200 |
| ざくろ | DMC 25番刺繍糸 | 221 712 |
| | DMC ディアマント | D321 |
| トラ猫 | DMC 25番刺繍糸 | 648 844 ECRU |
| | DMC ディアマント | D310 |
| | DMC ライトエフェクト | E703 |
| 白猫 | DMC 25番刺繍糸 | 844 3768 ECRU |
| | DMC ディアマント | D310 |
| | DMC ライトエフェクト | E436 |
| サケ | DMC 25番刺繍糸 | 224 |
| | DMC ライトエフェクト | E334 |

**布**
きつね、きのこ、ざくろ
フレンチフランネル ミルクココア(CHECK&STRIPE)
各20×20cm
トラ猫、白猫、サケ
やさしいリネン ペパーミント(CHECK&STRIPE)
各20×20cm
**副資材**(共通)
接着芯20×20cm
長さ3cmのブローチピン1本
化繊わた
(トラ猫、白猫のみ)グログランリボン0.7cm幅を30cm

**サイズ**
図案参照

**裁ち方(共通)**
※布の裏に接着芯をはる
※刺繍は前のみ
※刺繍の周囲を1cm残してカットし、後ろは前と左右対称に裁つ

布

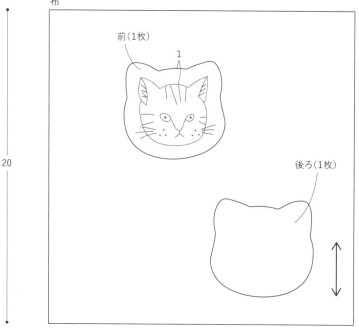

前(1枚)
1
後ろ(1枚)
20
20

**作り方(共通)**

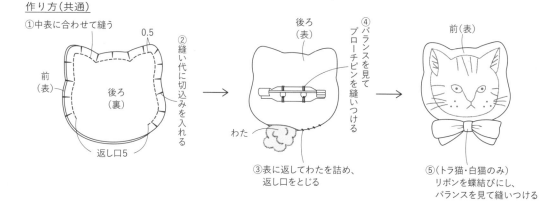

①中表に合わせて縫う
0.5
前(表)
後ろ(裏)
②縫い代に切込みを入れる
返し口5

後ろ(表)
わた
③表に返してわたを詰め、返し口をとじる

④バランスを見てブローチピンを縫いつける

前(表)
⑤(トラ猫・白猫のみ)リボンを蝶結びにし、バランスを見て縫いつける

図案（実物大）
・指定以外チェーンS（3）

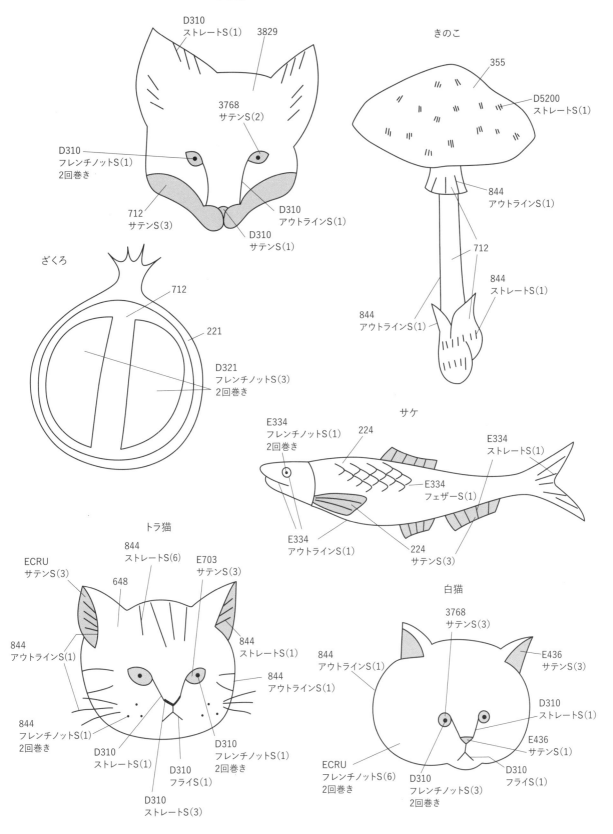

きつね

D310
ストレートS（1）

3829

3768
サテンS（2）

D310
フレンチノットS（1）
2回巻き

712
サテンS（3）

D310
アウトラインS（1）

D310
サテンS（1）

きのこ

355

D5200
ストレートS（1）

844
アウトラインS（1）

712

844
ストレートS（1）

844
アウトラインS（1）

ざくろ

712

221

D321
フレンチノットS（3）
2回巻き

サケ

E334
フレンチノットS（1）
2回巻き

224

E334
ストレートS（1）

E334
フェザーS（1）

E334
アウトラインS（1）

224
サテンS（3）

トラ猫

844
ストレートS（6）

ECRU
サテンS（3）

648

E703
サテンS（3）

844
アウトラインS（1）

844
ストレートS（1）

844
アウトラインS（1）

844
フレンチノットS（1）
2回巻き

D310
ストレートS（1）

D310
フライS（1）

D310
フレンチノットS（1）
2回巻き

D310
ストレートS（3）

白猫

3768
サテンS（3）

844
アウトラインS（1）

E436
サテンS（3）

D310
ストレートS（1）

E436
サテンS（1）

ECRU
フレンチノットS（6）
2回巻き

D310
フレンチノットS（3）
2回巻き

D310
フライS（1）

がま口ポーチ

**DMC 25番刺繍糸**
738　844　3022　3363　ECRU
**布**
カラーリネン シナモン(CHECK&STRIPE)50×35cm
**副資材**
接着芯25×35cm
幅9.9cmのくし形口金 F7黒ニッケル(角田商店)1個

サイズ
縦11.5×横12cm

下準備
布はあらかじめ水通ししてアイロンをかける。
接着芯をはり、粗裁ちしてから刺繍をする。

裁ち方
※布は型紙線で裁切り
※表袋の裏に接着芯をはる
※刺繍は表袋の前のみ

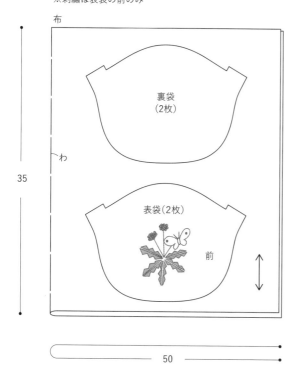

布
わ
35
50

作り方

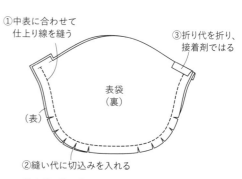

①中表に合わせて
　仕上り線を縫う
③折り代を折り、
　接着剤ではる
表袋
(裏)
(表)
②縫い代に切込みを入れる
④裏袋も①～③と同様に縫う

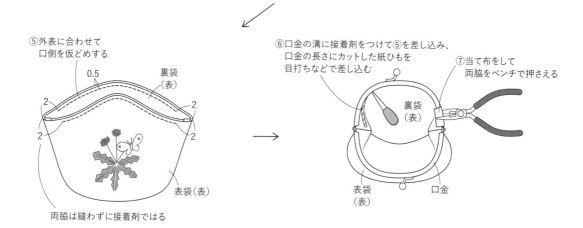

⑤外表に合わせて
　口側を仮どめする
⑥口金の溝に接着剤をつけて⑤を差し込み、
　口金の長さにカットした紙ひもを
　目打ちなどで差し込む
⑦当て布をして
　両脇をペンチで押さえる
0.5
裏袋
(表)
2
2
2
2
2
2
表袋(表)
両脇は縫わずに接着剤ではる
裏袋
(表)
表袋
(表)
口金

図案と型紙（実物大）
・指定以外2本どり

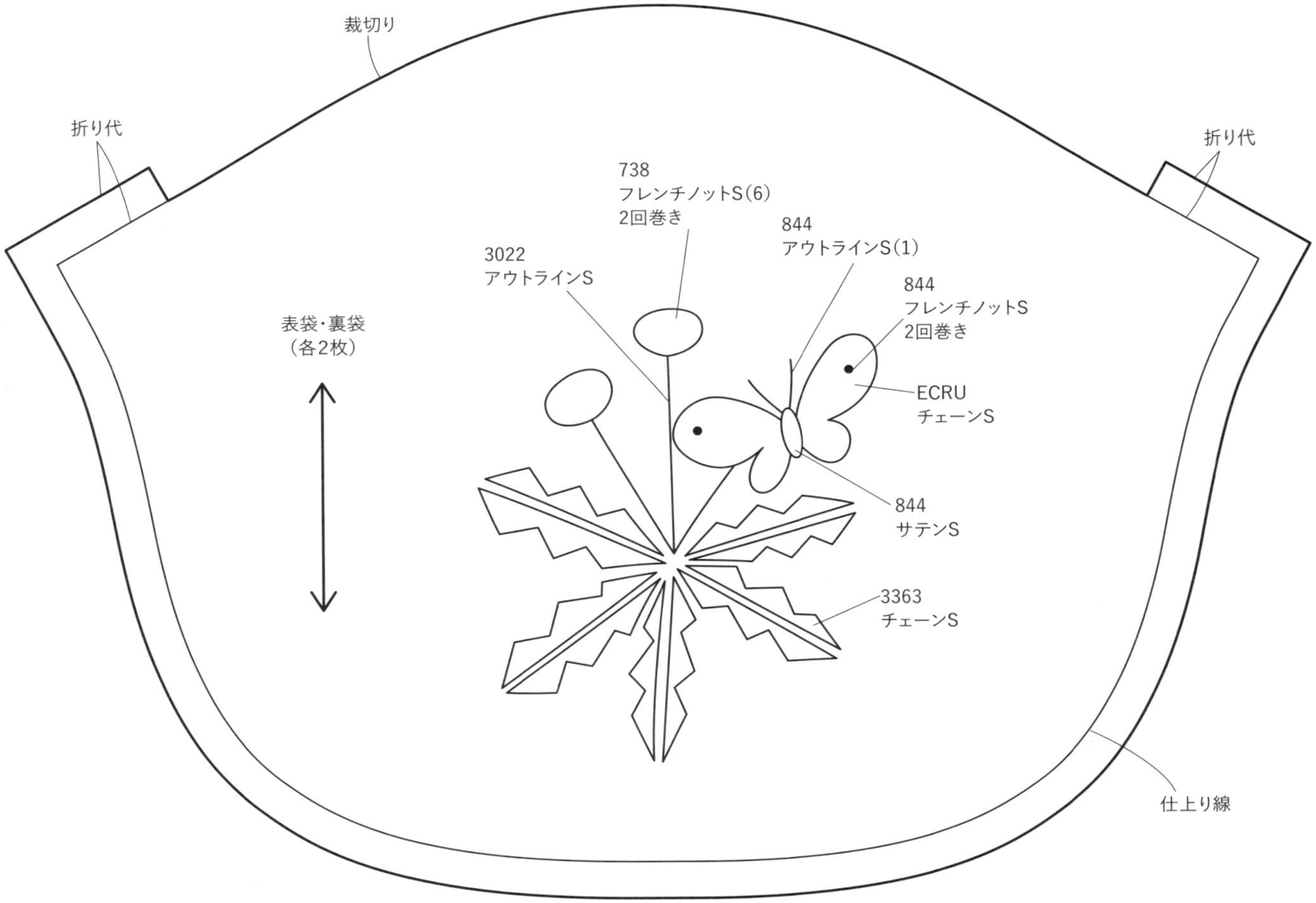

折り代

仕上り線

フレンチノットS
2回巻き
ECRU
チェーンS

844
フレンチノットS
2回巻き

844
サテンS

3363
チェーンS

844
アウトラインS（1）

738
フレンチノットS（6）
2回巻き

3022
アウトラインS

裁切り

表袋・裏袋
（各2枚）

←——→

折り代

野の花

DMC 25番刺繍糸
29　310　422　433　822　844　918　3023　3046　3051
3052　3362　3364　ECRU
布
やさしいリネン ポワール（CHECK&STRIPE）

図案（実物大）
・指定以外チェーンS（3）

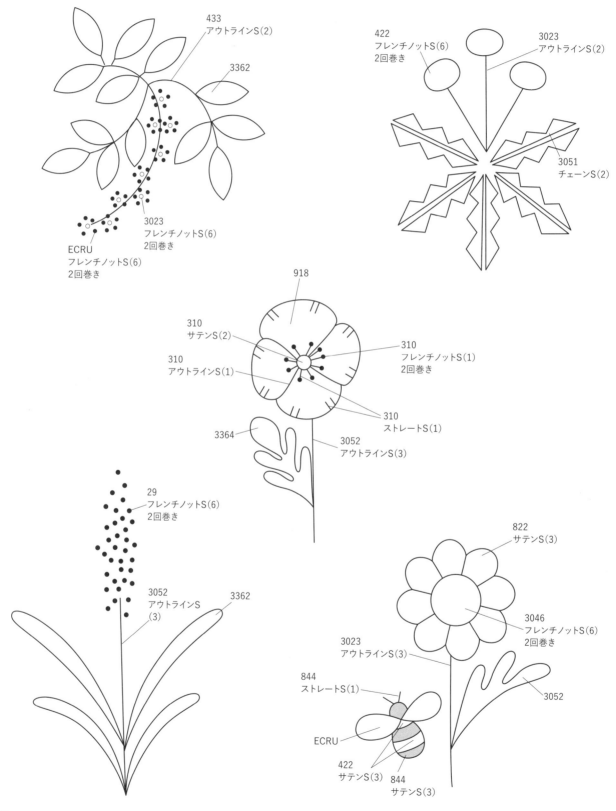

433
アウトラインS（2）

3362

3023
フレンチノットS（6）
2回巻き

ECRU
フレンチノットS（6）
2回巻き

422
フレンチノットS（6）
2回巻き

3023
アウトラインS（2）

3051
チェーンS（2）

918

310
サテンS（2）

310
アウトラインS（1）

310
フレンチノットS（1）
2回巻き

310
ストレートS（1）

3364

3052
アウトラインS（3）

29
フレンチノットS（6）
2回巻き

3052
アウトラインS
（3）

3362

822
サテンS（3）

3046
フレンチノットS（6）
2回巻き

3023
アウトラインS（3）

844
ストレートS（1）

ECRU

422
サテンS（3）

844
サテンS（3）

3052

DMC 25番刺繍糸
301　356　436　453　648　738　801　834　844　927　935
3750　3864　ECRU
布
やさしいリネン アンティークホワイト（CHECK&STRIPE）

図案（110％拡大して使用）
・指定以外チェーンS（3）
・フレンチノットSはすべて2回巻き

356
チェーンS
(2)

ECRU
チェーンS(2)

844
ストレートS(2)

844
フレンチ
ノットS(3)

738
サテンS(3)

648

3750
サテンS(3)

844
アウト
ライン
S
(2)

301
サテンS(3)

844　ストレートS(1)

ECRU

ECRU
サテンS(3)

834

ECRU

356

ECRU
フレンチノットS(3)

935
ストレートS(3)

ECRU
フレンチ
ノットS(3)

ECRU
フレンチ
ノットS(6)

3864
サテンS
(3)

ECRU
サテンS(3)

356
フレンチ
ノットS(3)

ECRU

453
チェーンS(2)

648
フレンチ
ノットS(3)

738
アウトラインS(3)

738
ストレートS(2)

648
サテンS(3)

648
サテンS(2)

356
チェーンS(2)

844
ストレートS(1)

738

738
アウトラインS(2)

801
アウトラインS
(2)

927

844
フレンチ
ノットS
(3)

738
チェーンS(2)

801
ストレートS
(2)

ECRU

738
サテンS
(3)

801
アウト
ラインS
(2)

3750

801
サテンS(3)

356
サテンS(3)

844
アウトラインS(1)

436
アウト
ラインS(2)

ECRU

DMC ディアマント
a　D321
b、c　D3821
**布**
フレンチコーデュロイ（CHECK&STRIPE）各20×15cm
a、b　ヴァニーユ
c　スモークレッド
**副資材**
幅1.2cmのベルベットリボン20cm
a、b　アイボリー
c　ダークレッド
（共通）化繊わた

サイズ
図案参照

裁ち方（共通）

※刺繍は前のみ
※刺繍の周囲を1cm残してカットし、後ろは前と左右対称に裁つ

布

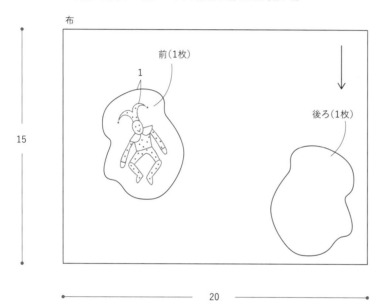

前（1枚）

1

後ろ（1枚）

15

20

作り方（共通）

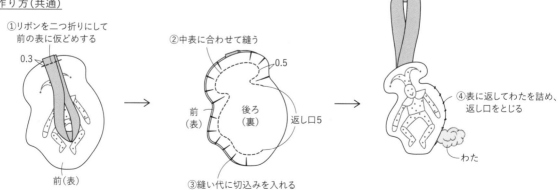

①リボンを二つ折りにして
前の表に仮どめする

0.3

前（表）

②中表に合わせて縫う

0.5

前
（表）

後ろ
（裏）

返し口5

③縫い代に切込みを入れる

④表に返してわたを詰め、
返し口をとじる

わた

図案（実物大）
・指定以外2本どり

a　すべてD321

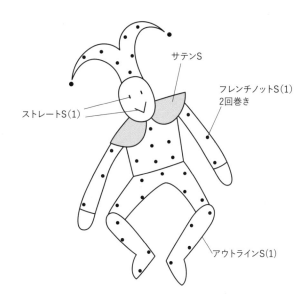

サテンS

フレンチノットS(1)
2回巻き

ストレートS(1)

アウトラインS(1)

b　すべてD3821

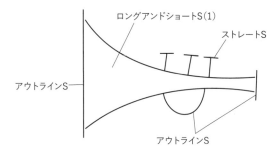

ロングアンドショートS(1)

ストレートS

アウトラインS

アウトラインS

c　すべてD3821

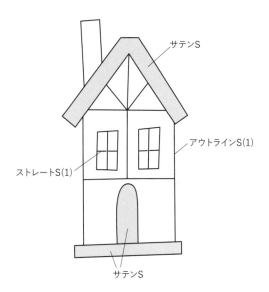

サテンS

アウトラインS(1)

ストレートS(1)

サテンS

クッション

**DMC 25番刺繍糸**
160　310　356　433　434　435　436　676
801　844　934　3022　3051　3362　3363
3864
**布**
フレンチコーデュロイ ヴァニーユ(CHECK&STRIPE)
40×90cm
**副資材**
35×35cmのヌードクッション1個

**サイズ**
縦35×横35cm

裁ち方
※本体は裁切り
※刺繍は前のみ

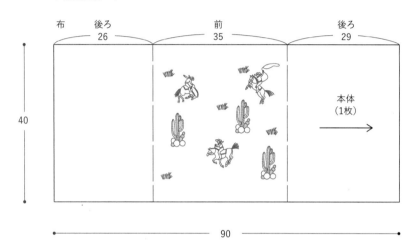

布　　後ろ　　　　　前　　　　　後ろ
　　　　26　　　　　　35　　　　　29

40

本体
(1枚)　→

90

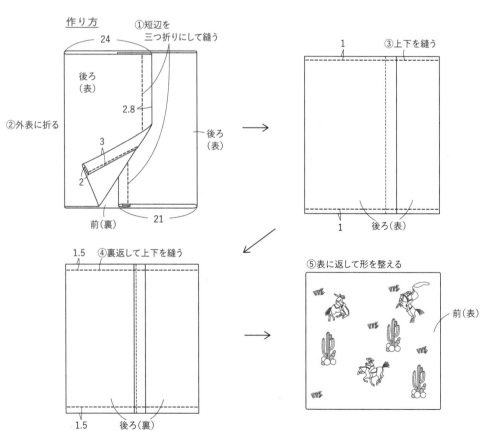

作り方　　　①短辺を
　　　　　　三つ折りにして縫う
　　　24

後ろ
(表)
②外表に折る　　　　2.8

　　　3
　　2

前(裏)　　　21

後ろ
(表)

③上下を縫う
1

1
後ろ(表)

④裏返して上下を縫う
1.5

後ろ(裏)
1.5

⑤表に返して形を整える

前(表)

図案（200％拡大して使用する）
・指定以外2本どり
・カウボーイは共通※

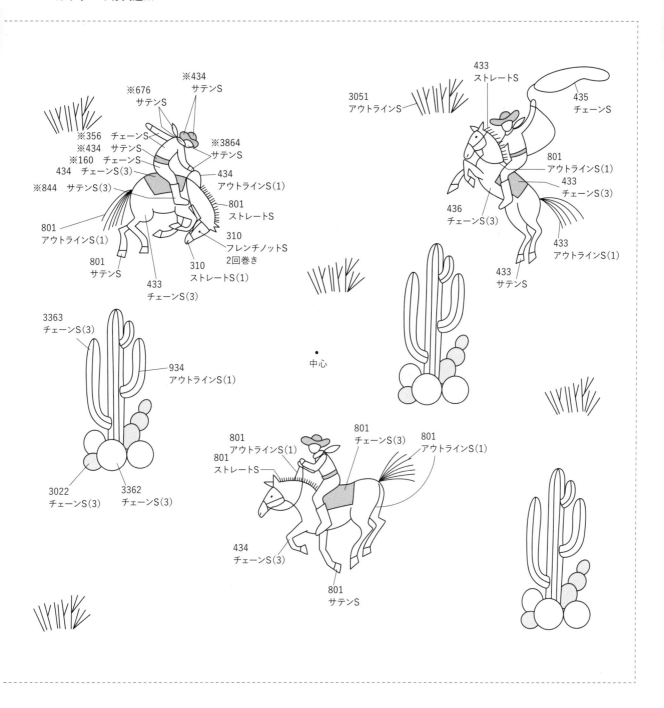

※676
サテンS

※434
サテンS

※356　チェーンS
※434　サテンS
※160　チェーンS
434　チェーンS(3)

※3864
サテンS

※844　サテンS(3)

434
アウトラインS(1)

801
アウトラインS(1)

801
ストレートS

801
サテンS

433
チェーンS(3)

310
フレンチノットS
2回巻き

310
ストレートS(1)

3051
アウトラインS

433
ストレートS

435
チェーンS

801
アウトラインS(1)

433
チェーンS(3)

436
チェーンS(3)

433
アウトラインS(1)

433
サテンS

3363
チェーンS(3)

934
アウトラインS(1)

3022
チェーンS(3)

3362
チェーンS(3)

中心

801
アウトラインS(1)

801
ストレートS

801
チェーンS(3)

801
アウトラインS(1)

434
チェーンS(3)

801
サテンS

猫の巾着

DMC 25番刺繍糸
a　844　950　3743　ECRU
b　738　844　927　ECRU
布
表布　フレンチコーデュロイ（CHECK&STRIPE）
各90×30cm
a　ミンティ
b　グレイッシュピンク
裏布　コットンローン ラミティエ（CHECK&STRIPE）
各90×20cm
a　ストーン
b　ピンクラベンダー

副資材
太さ0.6cmのアクリルコード180cm
aグリーン
bピンク
（共通）化繊わた

サイズ
縦17.5×底の直径15.4cm

図案と型紙（実物大）

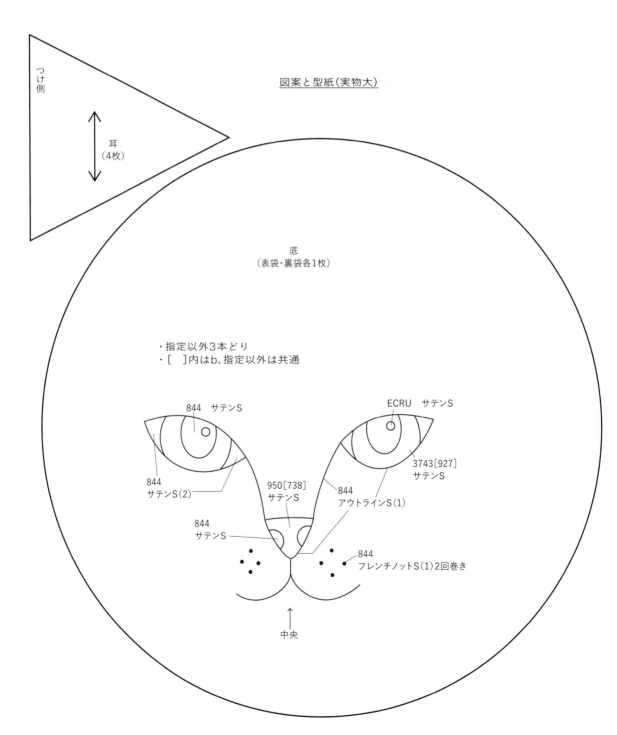

つけ側

耳
（4枚）

底
（表袋・裏袋各1枚）

・指定以外3本どり
・[　]内はb、指定以外は共通

844　サテンS

ECRU　サテンS

844
サテンS（2）

950[738]
サテンS

844
アウトラインS（1）

3743[927]
サテンS

844
サテンS

844
フレンチノットS（1）2回巻き

中央

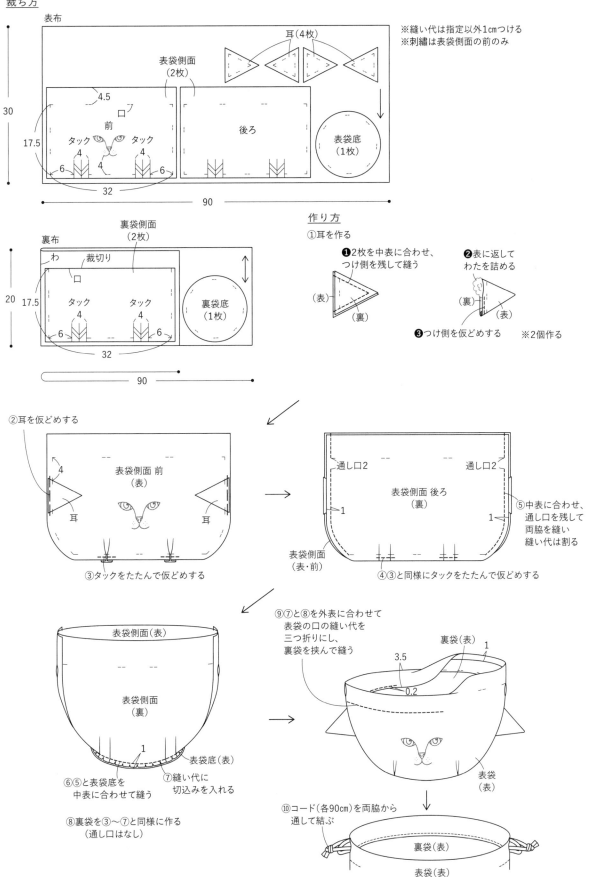

裁ち方

表布

耳(4枚)

表袋側面
(2枚)

30

17.5

4.5

口

前

タック    タック

4    4

6    4    6

後ろ

表袋底
(1枚)

32

90

※縫い代は指定以外1cmつける
※刺繍は表袋側面の前のみ

裏布

裏袋側面
(2枚)

わ    裁切り

口

20

17.5

タック    タック

4    4

6    6

裏袋底
(1枚)

32

90

作り方

①耳を作る

❶2枚を中表に合わせ、
つけ側を残して縫う

(表)

(裏)

❷表に返して
わたを詰める

(裏)

(表)

❸つけ側を仮どめする    ※2個作る

②耳を仮どめする

4

表袋側面 前
(表)

耳    耳

③タックをたたんで仮どめする

通し口2    通し口2

1    1

表袋側面 後ろ
(裏)

表袋側面
(表・前)

④③と同様にタックをたたんで仮どめする

⑤中表に合わせ、
通し口を残して
両脇を縫い
縫い代は割る

表袋側面(表)

表袋側面
(裏)

1

表袋底(表)

⑥⑤と表袋底を
中表に合わせて縫う

⑦縫い代に
切込みを入れる

⑧裏袋を③〜⑦と同様に作る
(通し口はなし)

⑨⑦と⑧を外表に合わせて
表袋の口の縫い代を
三つ折りにし、
裏袋を挟んで縫う

3.5

0.2

裏袋(表)    1

表袋
(表)

⑩コード(各90cm)を両脇から
通して結ぶ

裏袋(表)

表袋(表)

星
座

DMC 25番刺繍糸
927　939　3859
DMC ディアマント グランデ
G168
布
やさしいリネン スモークブルー（CHECK&STRIPE）

図案（125％拡大して使用）
・指定以外927

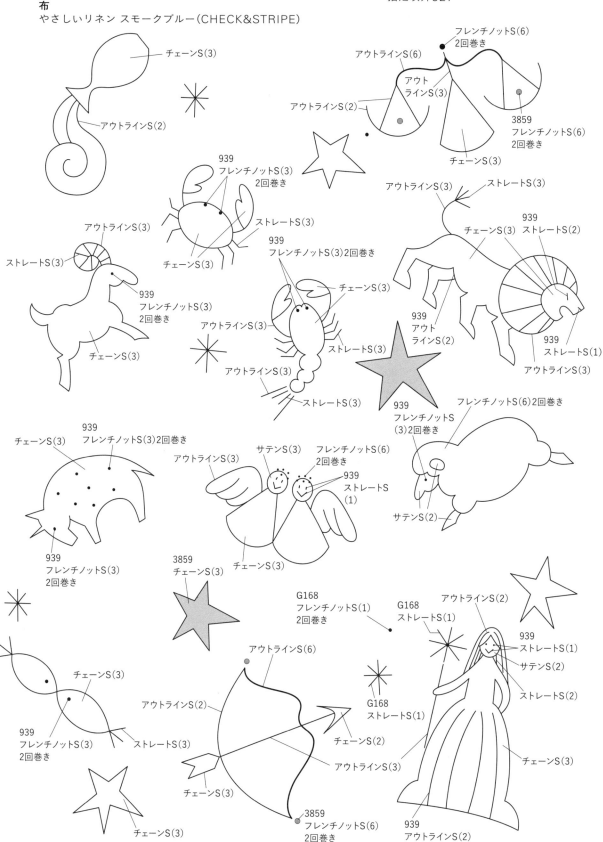

**DMC 25番刺繍糸**
350　ECRU
**布**
やさしいリネン スモークブルーグレー
（CHECK&STRIPE）80×25cm
**副資材**
接着芯80×25cm

**サイズ**
縦16×横12.5cm（二つ折り）

**下準備**
布はあらかじめ水通ししてアイロンをかける。
接着芯をはってから刺繍をする。

**裁ち方**
※本体は裁切り　※裏に接着芯をはる
※刺繍は表面のみ

布

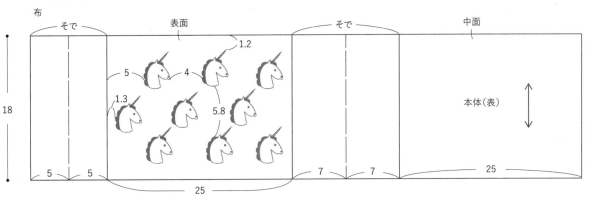

そで　表面　そで　中面

1.2
5　4
1.3
5.8
本体（表）

18

5　5
7　7
25

25

74

**作り方**

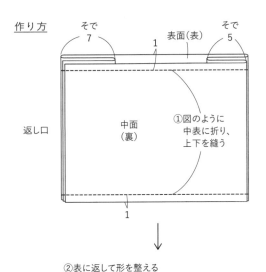

そで
7
表面（表）
そで
5
1
返し口
中面
（裏）
①図のように
中表に折り、
上下を縫う
1

②表に返して形を整える

そで　中面（表）　そで

**図案（実物大）**

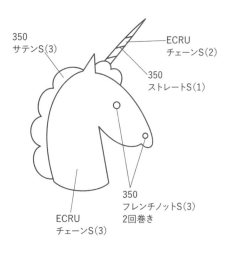

350
サテンS(3)

ECRU
チェーンS(2)

350
ストレートS(1)

350
フレンチノットS(3)
2回巻き

ECRU
チェーンS(3)

DMC 25番刺繡糸
356 453 648 738 844 927 935 938
945 3023 3743 3821 3864 ECRU
DMC ディアマント
D3821
布
やさしいリネン アンティークホワイト
(CHECK&STRIPE)
表布、裏布　各55×70㎝

サイズ
縦67×横51㎝

下準備
あらかじめ水通ししてアイロンをかける。

裁ち方と図案の配置
※縫い代を回りに1.2㎝つける　※裏布も同じ寸法に裁つ
※交差している位置にアルファベットの中央を合わせる

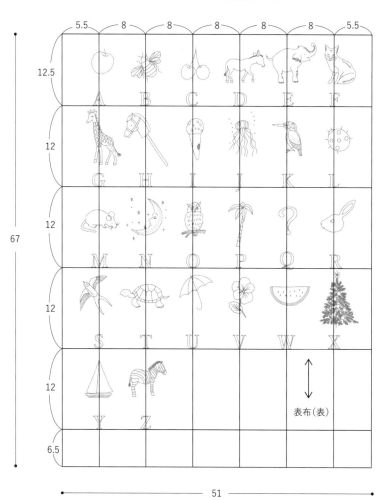

作り方

①2枚を中表に合わせ、返し口を残して
回りを縫う

②表に返し、回りを縫う

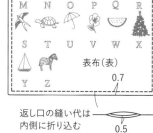

返し口の縫い代は
内側に折り込む
0.5

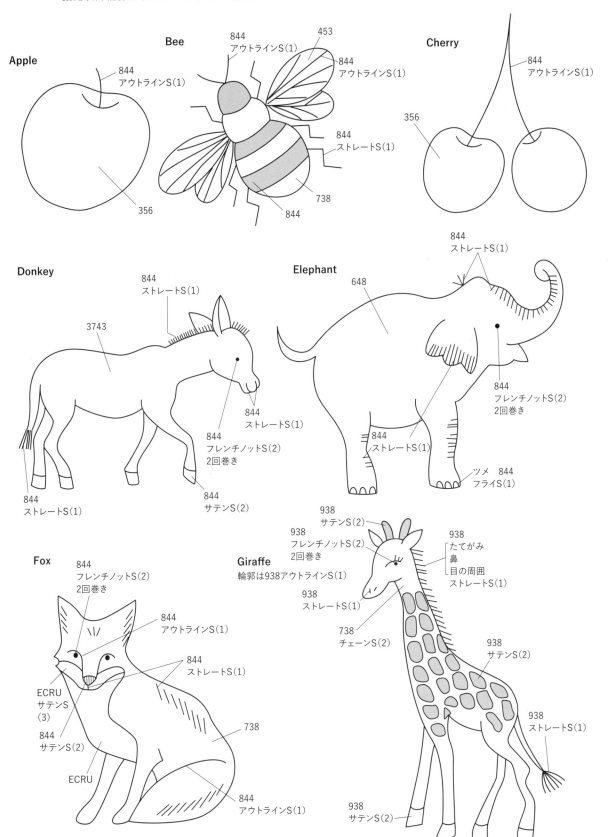

Apple

844
アウトラインＳ（1）

356

Bee

844
アウトラインＳ（1）

453

844
アウトラインＳ（1）

844
ストレートＳ（1）

738

844

Cherry

844
アウトラインＳ（1）

356

Donkey

844
ストレートＳ（1）

3743

844
ストレートＳ（1）

844
フレンチノットＳ（2）
2回巻き

844
サテンＳ（2）

844
ストレートＳ（1）

Elephant

844
ストレートＳ（1）

648

844
フレンチノットＳ（2）
2回巻き

844
ストレートＳ（1）

ツメ　844
フライＳ（1）

Fox

844
フレンチノットＳ（2）
2回巻き

844
アウトラインＳ（1）

844
ストレートＳ（1）

ECRU
サテンＳ
（3）

844
サテンＳ（2）

ECRU

738

844
アウトラインＳ（1）

Giraffe
輪郭は938アウトラインＳ（1）

938
サテンＳ（2）

938
フレンチノットＳ（2）
2回巻き

938
たてがみ
鼻
目の周囲
ストレートＳ（1）

938
ストレートＳ（1）

738
チェーンＳ（2）

938
サテンＳ（2）

938
ストレートＳ（1）

938
サテンＳ（2）

図案（実物大）
・指定以外チェーンS（3）
・輪郭は844アウトラインS（1）

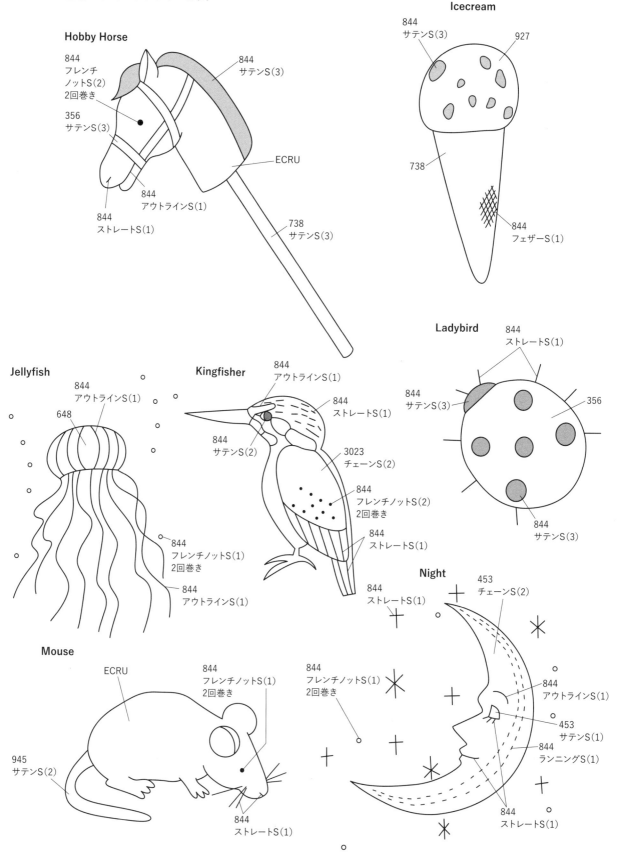

**Icecream**

844
サテンS（3）

927

738

844
フェザーS（1）

**Hobby Horse**

844
フレンチ
ノットS（2）
2回巻き

356
サテンS（3）

844
サテンS（3）

ECRU

844
アウトラインS（1）

844
ストレートS（1）

738
サテンS（3）

**Ladybird**

844
ストレートS（1）

844
サテンS（3）

356

844
サテンS（3）

**Jellyfish**

844
アウトラインS（1）

648

844
フレンチノットS（1）
2回巻き

844
アウトラインS（1）

**Kingfisher**

844
アウトラインS（1）

844
ストレートS（1）

844
サテンS（2）

3023
チェーンS（2）

844
フレンチノットS（2）
2回巻き

844
ストレートS（1）

844
ストレートS（1）

**Night**

453
チェーンS（2）

844
フレンチノットS（1）
2回巻き

844
アウトラインS（1）

453
サテンS（1）

844
ランニングS（1）

844
ストレートS（1）

**Mouse**

ECRU

844
フレンチノットS（1）
2回巻き

945
サテンS（2）

844
ストレートS（1）

66

図案（実物大）
・指定以外チェーンS（3）
・指定以外輪郭は844アウトラインS（1）

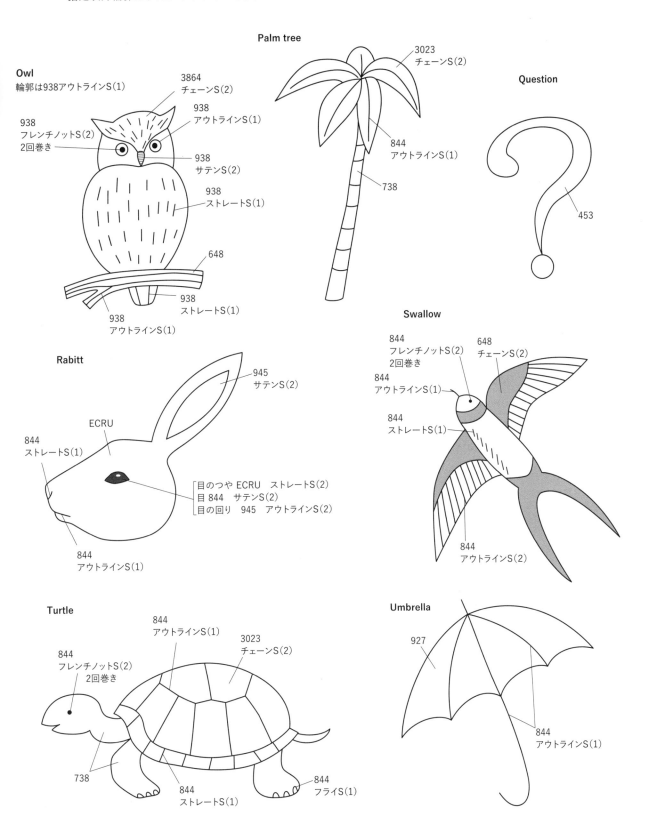

**Owl**
輪郭は938アウトラインS（1）

3864
チェーンS（2）

938
アウトラインS（1）

938
フレンチノットS（2）
2回巻き

938
サテンS（2）

938
ストレートS（1）

648

938
ストレートS（1）

938
アウトラインS（1）

**Palm tree**

3023
チェーンS（2）

844
アウトラインS（1）

738

**Question**

453

**Rabitt**

945
サテンS（2）

ECRU

844
ストレートS（1）

目のつや ECRU　ストレートS（2）
目 844　サテンS（2）
目の回り 945　アウトラインS（2）

844
アウトラインS（1）

**Swallow**

844
フレンチノットS（2）
2回巻き

648
チェーンS（2）

844
アウトラインS（1）

844
ストレートS（1）

844
アウトラインS（2）

**Turtle**

844
アウトラインS（1）

3023
チェーンS（2）

844
フレンチノットS（2）
2回巻き

738

844
ストレートS（1）

844
フライS（1）

**Umbrella**

927

844
アウトラインS（1）

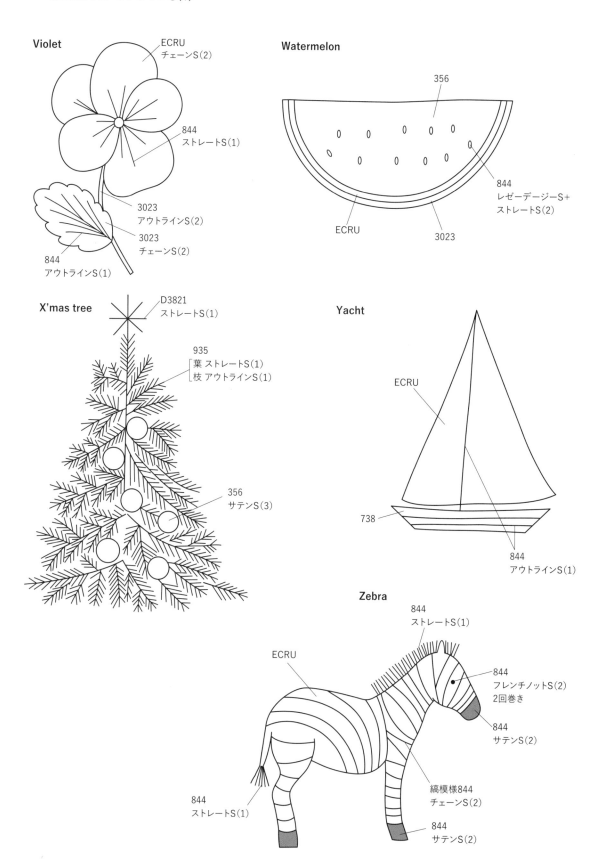

**Violet**

ECRU
チェーンS（2）

844
ストレートS（1）

3023
アウトラインS（2）

3023
チェーンS（2）

844
アウトラインS（1）

**Watermelon**

356

844
レゼーデージーS＋
ストレートS（2）

ECRU

3023

**X'mas tree**

D3821
ストレートS（1）

935
葉 ストレートS（1）
枝 アウトラインS（1）

356
サテンS（3）

**Yacht**

ECRU

738

844
アウトラインS（1）

**Zebra**

844
ストレートS（1）

ECRU

844
フレンチノットS（2）
2回巻き

844
サテンS（2）

844
ストレートS（1）

縞模様844
チェーンS（2）

844
サテンS（2）

A B C D E

F G H I J

K L M N O

P Q R S T

U V W X Y Z

バ
ケ
ツ
バ
ッ
グ

**DMC 25番刺繡糸**
ECRU
**布**
力織機で織ったコットン ブラック
（CHECK&STRIPE）110×90cm
**副資材**
接着芯80×80cm

**サイズ**
縦22×底の直径16.5cm

**下準備**
布はあらかじめ水通ししてアイロンをかける。
接着芯をはり、粗裁ちしてから刺繡をする。

**裁ち方**
※縫い代は指定以外1cmつける
※表袋と持ち手の裏に接着芯をはる
※刺繡は持ち手のみ

布
わ

持ち手

裁切り

B
A
B
A
B
A
B
A
B
A
B
A

72

6
6

17

90

底
（表袋・裏袋
各1枚）

1.5　口
表袋側面
（2枚）

1.5　口
裏袋側面
（2枚）

110

**作り方**

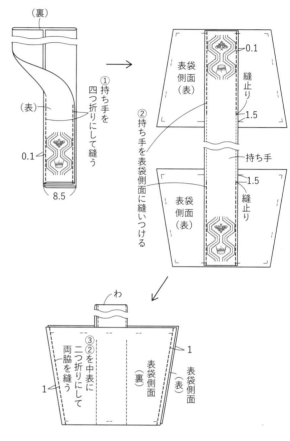

（裏）

（表）

①持ち手を四つ折りにして縫う

0.1

8.5

表袋側面
（表）

0.1

縫止り

1.5

②持ち手を表袋側面に縫いつける

持ち手

1.5

縫止り

表袋
側面
（表）

わ

③②を中表に二つ折りにして両脇を縫う

1

1

②

表袋側面
（裏）

表袋側面
（表）

1

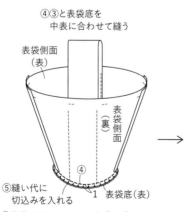

④③と表袋底を
中表に合わせて縫う

表袋側面
（表）

表袋
側面
（裏）

④

1　表袋底（表）

⑤縫い代に
切込みを入れる
⑥裏袋は持ち手をつけず、③～⑤と同様に作る
（一方の脇に返し口を残して縫う）

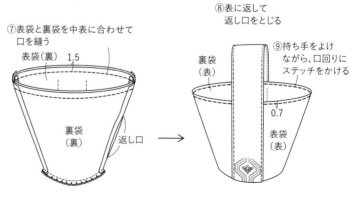

⑦表袋と裏袋を中表に合わせて
口を縫う

表袋（裏）　1.5

裏袋
（裏）

返し口

⑧表に返して
返し口をとじる

裏袋
（表）

⑨持ち手をよけ
ながら、口回りに
ステッチをかける

0.7

表袋
（表）

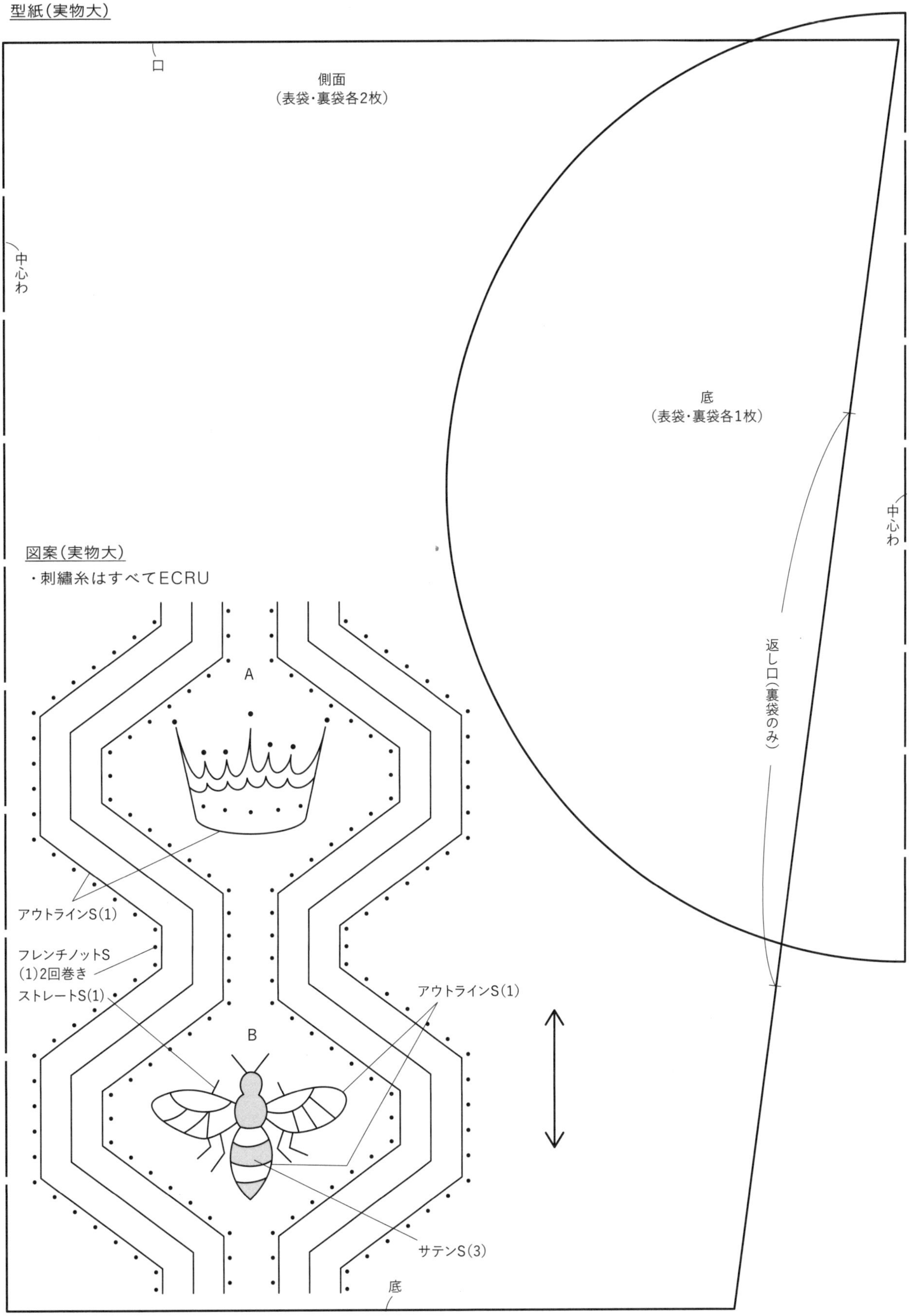

口

側面
（表袋・裏袋各2枚）

中心わ

底
（表袋・裏袋各1枚）

中心わ

返し口（裏袋のみ）

図案（実物大）
・刺繍糸はすべてECRU

A

アウトラインS(1)

フレンチノットS
(1)2回巻き

ストレートS(1)

アウトラインS(1)

B

サテンS(3)

底

DMC 25番刺繍糸
926
DMC ディアマント
D168（糸の撚りをほどいて1本で刺す）
布
やさしいリネン ベージュ（CHECK&STRIPE）

図案（125％拡大して使用）

926
ストレートS(1)

926
アウトラインS(1)

926
サテンS(3)

926
フレンチノットS(1)
2回巻き

926
アウトラインS(1)

D168
アウトラインS

D168
フレンチ
ノットS
2回巻き

DMC 25番刺繡糸
152　350　434　436　437　738　898　976　989　3012
3013　3042　3362　3863　ECRU

布
やさしいリネン オレンジムース（CHECK&STRIPE）

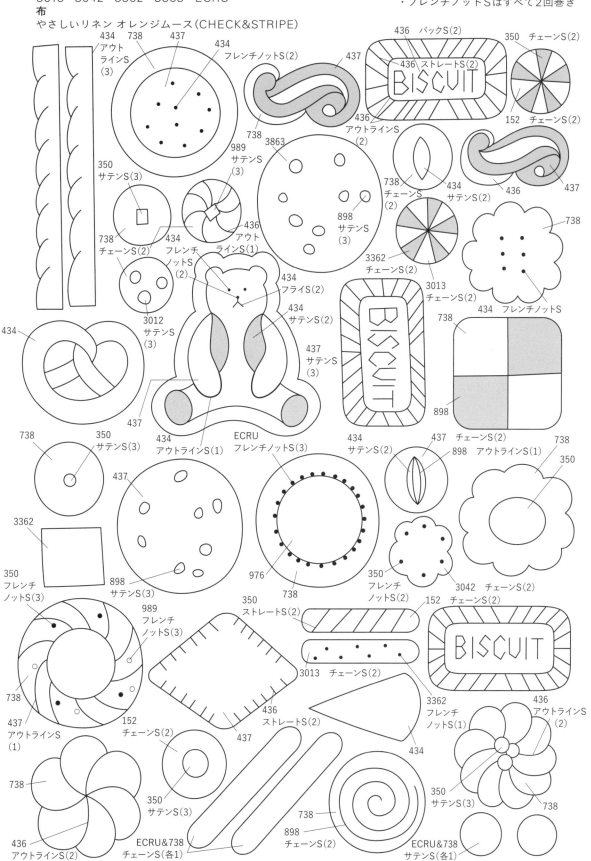

734　アウトラインS（3）
738
437
434 フレンチノットS（2）
437
436 バックS（2）
436 ストレートS（2）
350 チェーンS（2）
436 アウトラインS（2）
437
152 チェーンS（2）

350 サテンS（3）
989 サテンS（3）
3863
436 アウトライン S（1）
434
738 チェーンS（2）
738 チェーンS（2）
434 サテンS（2）
434
898 サテンS（3）
3362 チェーンS（2）
3013 チェーンS（2）
738
434 フレンチノットS
738

434
434 フライS（2）
434 サテンS（2）
437 サテンS（3）
3012 サテンS（3）
フレンチノットS（2）
3010
437
434 アウトラインS（1）
ECRU フレンチノットS（3）
738
898
434 サテンS（2）
437 チェーンS（2）
898 アウトラインS（1）
738

738
350 サテンS（3）
437
898 サテンS（3）
976
738
350 フレンチノットS（2）
350 サテンS（3）
350
3362
350 フレンチノットS（3）
989 フレンチノットS（3）
350 ストレートS（2）
152 チェーンS（2）
3042 チェーンS（2）
3013 チェーンS（2）

738
437 アウトラインS（1）
152 チェーンS（2）
436 ストレートS（2）
437
3362 フレンチノットS（1）
434
436 アウトラインS（2）

738
350 サテンS（3）
738
898 チェーンS（2）
350 サテンS（3）
738
436 アウトラインS（2）
ECRU&738 チェーンS（各1）
738
ECRU&738 サテンS（各1）

**DMC 25番刺繍糸**
a　729　780　988
b　434　712
**布**
a　ギンガムチェック カシス(CHECK&STRIPE)
b　カラーリネン ソイラテ(CHECK&STRIPE)
各60×30cm
**副資材**(共通)
接着芯30×30cm
長さ12cmの金属ファスナー1本
a　白　b　ベージュ
幅12.7mmの両折りバイアステープ70cm

**サイズ**
直径約8.3cm　まち幅1.5cm

**下準備**
布はあらかじめ水通ししてアイロンをかける。
接着芯をはり、粗裁ちしてから刺繍をする。

**裁ち方**
※縫い代は指定以外1cmつける
※表袋の裏に接着芯をはる
※刺繍は表袋側面1枚のみ

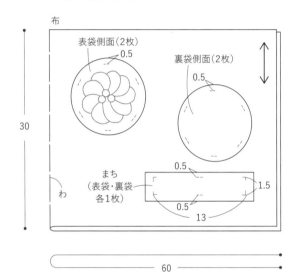

**作り方**

①まちを作る

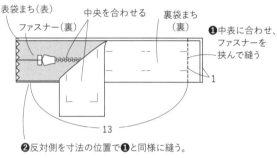

❷反対側を寸法の位置で❶と同様に縫う。

❸表に返す

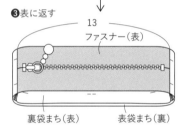

②表袋側面と裏袋側面を外表に合わせ、
側面とまちの表袋どうしを合わせて縫う
（ファスナーは開けておく）

③縫い代に切込みを入れる

⑦表に返して形を整える

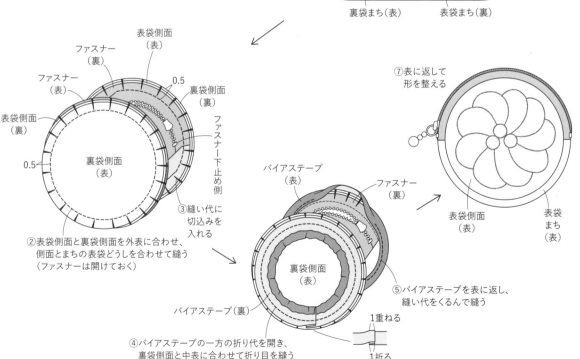

④バイアステープの一方の折り代を開き、
裏袋側面と中表に合わせて折り目を縫う

⑤バイアステープを表に返し、
縫い代をくるんで縫う

図案と型紙（実物大）

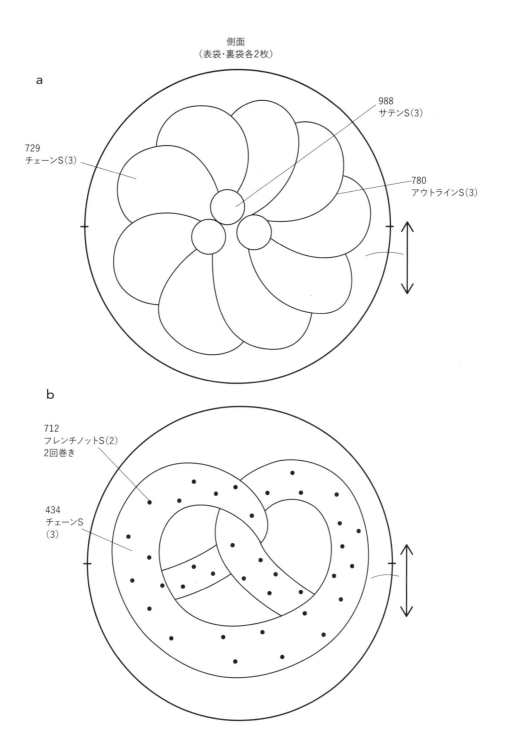

側面
（表袋・裏袋各2枚）

a

988
サテンS（3）

729
チェーンS（3）

780
アウトラインS（3）

b

712
フレンチノットS（2）
2回巻き

434
チェーンS
（3）

DMC 25番刺繍糸
160　356　407　834　844　934　936　948　3041　3052　3053
3362　3363　3364　3776　ECRU
布
やさしいリネン アンティークホワイト（CHECK&STRIPE）

図案（実物大）

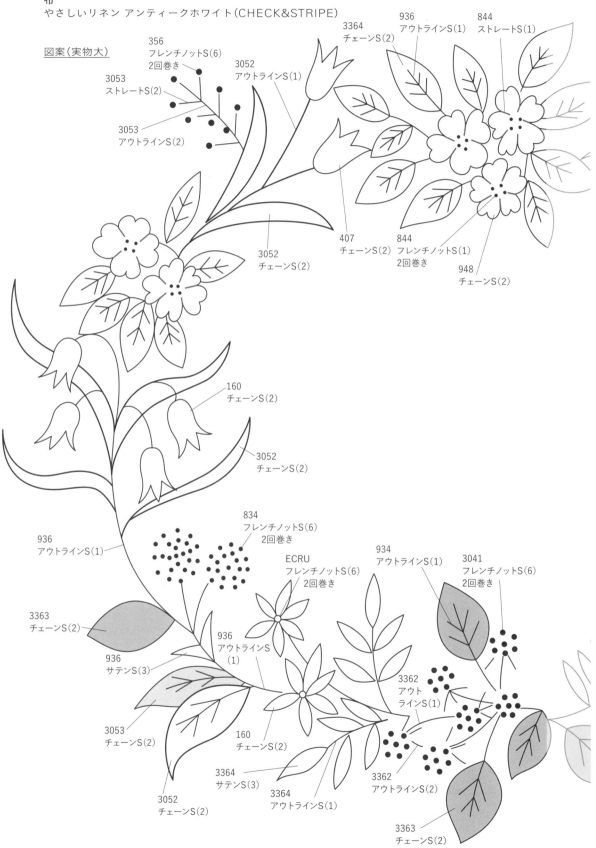

356
フレンチノットS（6）
2回巻き

3053
ストレートS（2）

3053
アウトラインS（2）

3052
アウトラインS（1）

3364
チェーンS（2）

936
アウトラインS（1）

844
ストレートS（1）

3052
チェーンS（2）

407
チェーンS（2）

844
フレンチノットS（1）
2回巻き

948
チェーンS（2）

160
チェーンS（2）

3052
チェーンS（2）

834
フレンチノットS（6）
2回巻き

ECRU
フレンチノットS（6）
2回巻き

934
アウトラインS（1）

3041
フレンチノットS（6）
2回巻き

936
アウトラインS（1）

3363
チェーンS（2）

936
サテンS（3）

936
アウトラインS
（1）

3362
アウト
ラインS（1）

3053
チェーンS（2）

160
チェーンS（2）

3052
チェーンS（2）

3364
サテンS（3）

3364
アウトラインS（1）

3362
アウトラインS（2）

3363
チェーンS（2）

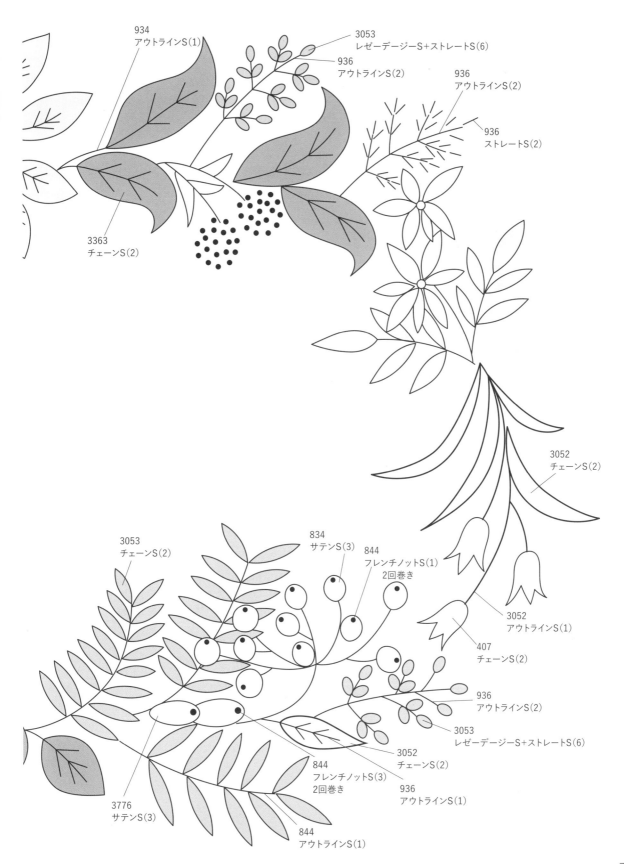

934
アウトラインS(1)

3053
レゼーデージーS+ストレートS(6)

936
アウトラインS(2)

936
アウトラインS(2)

936
ストレートS(2)

3363
チェーンS(2)

3052
チェーンS(2)

3053
チェーンS(2)

834
サテンS(3)

844
フレンチノットS(1)
2回巻き

3052
アウトラインS(1)

407
チェーンS(2)

936
アウトラインS(2)

3053
レゼーデージーS+ストレートS(6)

844
フレンチノットS(3)
2回巻き

3052
チェーンS(2)

936
アウトラインS(1)

3776
サテンS(3)

844
アウトラインS(1)

77

DMC 25番刺繍糸
a　161　838　ECRU
b　356　936　3052／p.33のリボン939
c　29　422　838　936　3023　3042
布
やさしいリネン　グレージュ（CHECK&STRIPE）
p.33のリボン　幅3cmのリネンタフタリボン　ラフランス96cm

図案（125％拡大して使用）

a

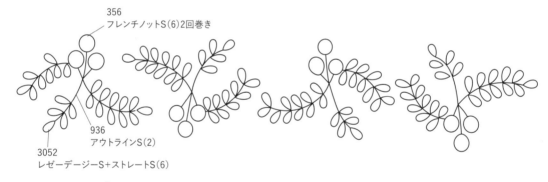

輪郭838
アウトラインS(1)

ECRU
チェーンS(3)

ECRU
ストレートS(1)

161
チェーンS(2)

161
サテンS(2)

161
ストレートS(2)

161
アウトラインS(2)

838
フレンチノットS(1)
2回巻き

b　※p.33のリボンはこの図案を90％縮小。6本どりは3本どりに、2本どりは1本どりに変更して刺す。すべて939。

356
フレンチノットS(6)2回巻き

936
アウトラインS(2)

3052
レゼーデージーS＋ストレートS(6)

c

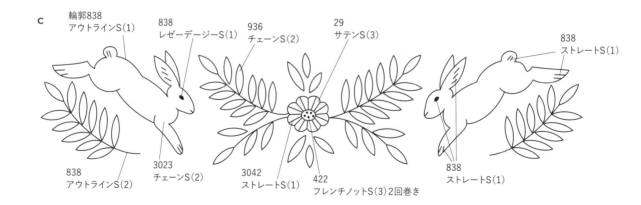

輪郭838
アウトラインS(1)

838
レゼーデージーS(1)

936
チェーンS(2)

29
サテンS(3)

838
ストレートS(1)

838
アウトラインS(2)

3023
チェーンS(2)

3042
ストレートS(1)

422
フレンチノットS(3)2回巻き

838
ストレートS(1)

**DMC 25番刺繍糸**
03　310　435　437　471　739　834　838　841　844　927　3362　3768　3830
**布**
やさしいリネン ホワイト（CHECK&STRIPE）
**副資材**
158×227mmのパネル１枚（パネルの仕立て方はp.87参照）
ファブリックテープ適宜

841
3768
739
838
アウトラインS(2)
ストレートS
サテンS
サテンS
3768
チェーンS

844
3830
844
フレンチ
ノットS
2回巻き
サテンS

844
ストレートS(1)
844
アウトラインS(2)
アウトラインS(2)
3830
チェーンS
739
3768
838
アウトラインS(2)

3768
フレンチノットS
2回巻き
841
ストレートS(2)
3830
チェーンS

3362
チェーンS
739
アウトラインS(2)

739
841
フレンチノットS
ストレートS(2)

844
フレンチ
ノットS(2)
739
チェーンS

838
フレンチノットS(6)
2回巻き
437
チェーンS
838
サテンS
3830
チェーンS

739
フレンチノットS
2回巻き
838
サテンS
チェーンS(2)

435
アウト
ラインS
310
フレンチノットS
(1)2回巻き
310
アウトラインS(1)
310
ストレートS(1)

927
チェーンS
3830
アウトラインS(1)

435
フレンチノットS
471
アウトラインS(6)

844
フレンチノットS
2回巻き
739
3830
アウトラインS(2)
チェーンS

844
アウトラインS
(2)
844
サテンS
03
ストレートS
チェーンS(2)

3830
チェーンS(2)
3830
フレンチノットS
2回巻き

3768
アウトラインS
3768
チェーンS
927
フレンチノットS
2回巻き

833
フレンチノットS
2回巻き
3768
サテンS
834
チェーンS

739
ストレートS
435
チェーンS

3830
サテンS
739
フレンチノットS
2回巻き

3768
ストレートS
927
フレンチノットS
2回巻き
3768
チェーンS

**図案（実物大）**
・指定以外３本どり

**DMC ディアマント**
D168
**DMC ディアマント グランデ**
G168
**布**
カラーリネン ネイビー（CHECK&STRIPE）各15×15cm
**副資材**（共通）
接着芯15×15cm
フェルト10×10cm

サイズ
ライオン　縦6.2×横5cm
虎　　　縦6×横5.2cm

下準備
アイロンをかけて接着芯をはり、刺繍をする。

裁ち方
※布の裏に接着芯をはる
※刺繍をしてからフェルトを接着剤ではり、出来上り位置でカットする

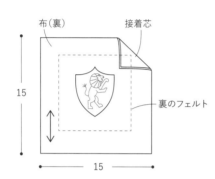

布（裏）　　接着芯

15

15

裏のフェルト

作り方

本体
（表）

0.2

回りをG168
1本どりで
巻きかがり

図案と型紙（実物大）
・すべてD168(1)

ライオン

ストレートS

ストレートS

アウトラインS

虎

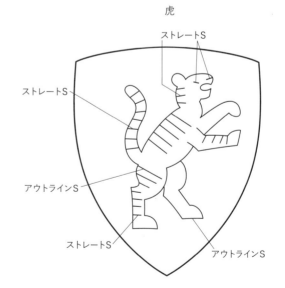

ストレートS

ストレートS

アウトラインS

ストレートS

アウトラインS

DMC 25番刺繍糸
356　436　437　738　801　841　3363　3750
ECRU
**布**
やさしいリネン
アンティークホワイト
(CHECK&STRIPE)

図案（110％拡大して使用）
・輪郭は801アウトラインＳ（1）

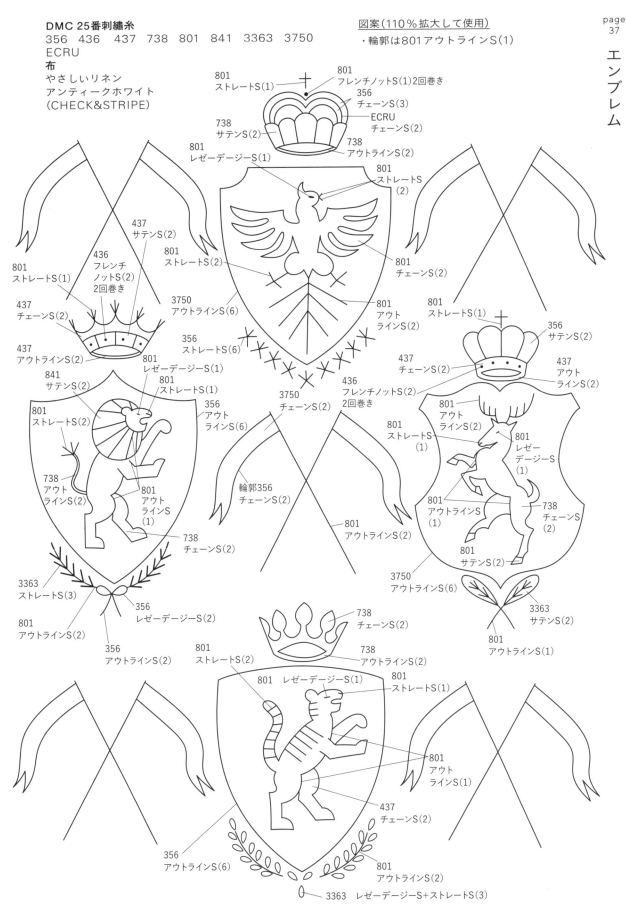

801
ストレートＳ（1）

801
フレンチノットＳ（1）2回巻き

356
チェーンＳ（3）

ECRU
チェーンＳ（2）

738
サテンＳ（2）

738
アウトラインＳ（2）

801
レゼーデージーＳ（1）

801
ストレートＳ
（2）

437
サテンＳ（2）

436
フレンチ
ノットＳ（2）
2回巻き

801
ストレートＳ（2）

801
ストレートＳ（1）

437
チェーンＳ（2）

437
アウトラインＳ（2）

801
チェーンＳ（2）

3750
アウトラインＳ（6）

356
ストレートＳ（6）

801
アウト
ラインＳ（2）

436
フレンチノットＳ（2）
2回巻き

801
ストレートＳ（1）

356
サテンＳ（2）

437
チェーンＳ（2）

437
アウト
ラインＳ（2）

841
サテンＳ（2）

801
レゼーデージーＳ（1）

801
ストレートＳ（1）

356
アウト
ラインＳ（6）

3750
チェーンＳ（2）

801
アウト
ラインＳ（2）

801
ストレートＳ
（1）

801
アウト
ラインＳ（2）

801
レゼー
デージーＳ
（1）

801
ストレートＳ（2）

738
アウト
ラインＳ（2）

801
アウト
ラインＳ
（1）

801
アウト
ラインＳ
（1）

738
チェーンＳ
（2）

3363
ストレートＳ（3）

801
アウトラインＳ（2）

356
レゼーデージーＳ（2）

356
アウトラインＳ（2）

輪郭356
チェーンＳ（2）

801
アウトラインＳ（2）

801
サテンＳ（2）

3750
アウトラインＳ（6）

3363
サテンＳ（2）

801
アウトラインＳ（1）

738
チェーンＳ（2）

801
ストレートＳ（2）

738
アウトラインＳ（2）

801　レゼーデージーＳ（1）

801
ストレートＳ（1）

801
アウト
ラインＳ（1）

437
チェーンＳ（2）

356
アウトラインＳ（6）

801
アウトラインＳ（2）

3363　レゼーデージーＳ＋ストレートＳ（3）

DMC 25番刺繍糸
356　453　648　738　844　927　ECRU
布
カラーリネン ネイビー（CHECK&STRIPE）

図案（125％拡大して使用）
・指定以外チェーンS（2）

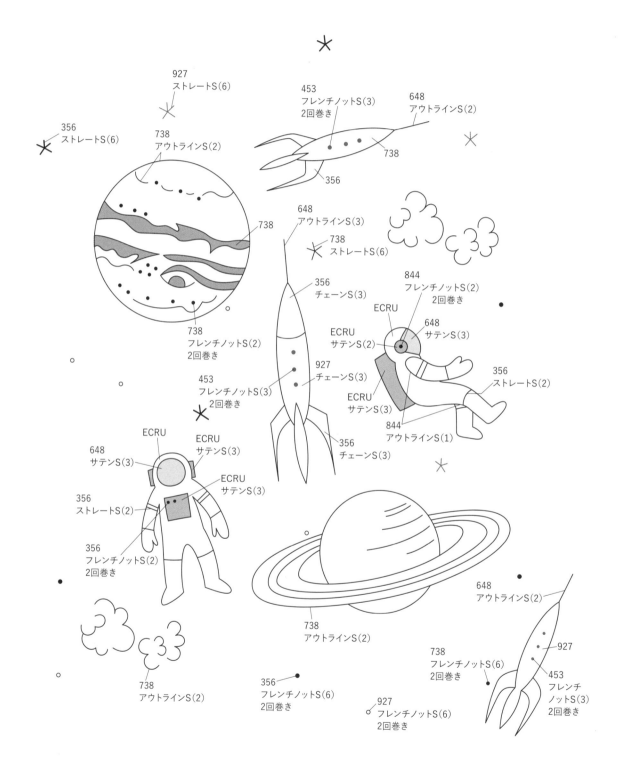

927
ストレートS（6）

356
ストレートS（6）

738
アウトラインS（2）

453
フレンチノットS（3）
2回巻き

648
アウトラインS（2）

738

356

648
アウトラインS（3）

738
ストレートS（6）

844
フレンチノットS（2）
2回巻き

ECRU

648
サテンS（3）

ECRU
サテンS（2）

356
ストレートS（2）

738

356
チェーンS（3）

ECRU
サテンS（3）

453
フレンチノットS（3）
2回巻き

927
チェーンS（3）

844
アウトラインS（1）

ECRU

648
サテンS（3）

ECRU
サテンS（3）

356
ストレートS（2）

ECRU
サテンS（3）

356
フレンチノットS（2）
2回巻き

356
チェーンS（3）

738
アウトラインS（2）

648
アウトラインS（2）

738
フレンチノットS（6）
2回巻き

927

453
フレンチ
ノットS（3）
2回巻き

738
アウトラインS（2）

356
フレンチノットS（6）
2回巻き

927
フレンチノットS（6）
2回巻き

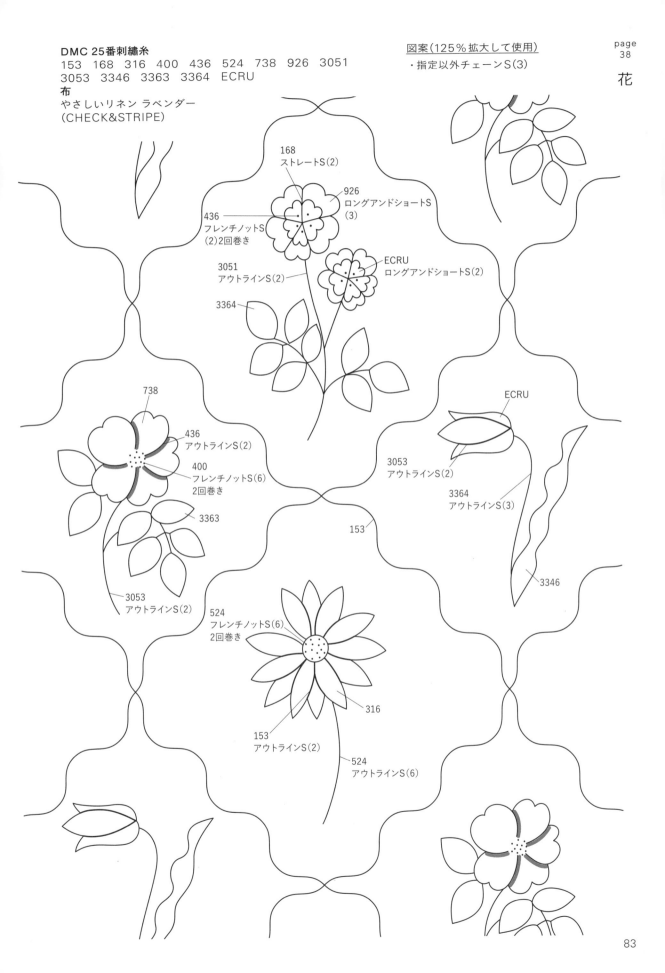

DMC 25番刺繍糸
153　168　316　400　436　524　738　926　3051
3053　3346　3363　3364　ECRU
布
やさしいリネン ラベンダー
(CHECK&STRIPE)

・指定以外チェーンS(3)

花

168
ストレートS(2)

926
ロングアンドショートS
(3)

436
フレンチノットS
(2)2回巻き

ECRU
ロングアンドショートS(2)

3051
アウトラインS(2)

3364

738

436
アウトラインS(2)

400
フレンチノットS(6)
2回巻き

3363

ECRU

3053
アウトラインS(2)

3364
アウトラインS(3)

153

3346

3053
アウトラインS(2)

524
フレンチノットS(6)
2回巻き

316

153
アウトラインS(2)

524
アウトラインS(6)

**DMC 25番刺繍糸**
400　453　738　844　3022　3042　3051
3364
**布**
表布　フレンチコーデュロイ あずきクリーム
(CHECK&STRIPE)80×30cm
裏布　コットンローンラミティエ ストーン
(CHECK&STRIPE)80×30cm
**副資材**
幅25cm木製フレーム口金 F460(角田商店)1個

サイズ
約縦19.5×横30cm

下準備
粗裁ちしてから刺繍をする。

裁ち方
※布は型紙線で裁切り
※刺繍は表袋の前のみ

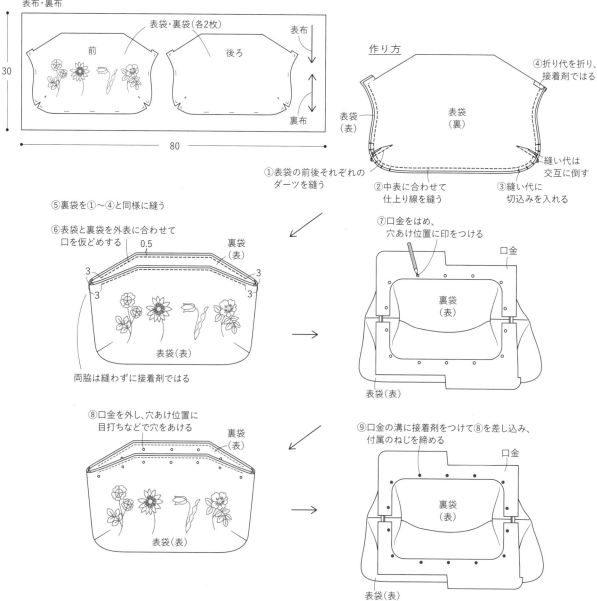

表布・裏布
表袋・裏袋(各2枚)
前　　後ろ
30
表布
裏布
80

作り方
④折り代を折り、接着剤ではる
表袋(表)
表袋(裏)
①表袋の前後それぞれのダーツを縫う
②中表に合わせて仕上り線を縫う
③縫い代に切込みを入れる
縫い代は交互に倒す

⑤裏袋を①〜④と同様に縫う
⑥表袋と裏袋を外表に合わせて口を仮どめする
0.5
裏袋(表)
3　3
3　3
表袋(表)
両脇は縫わずに接着剤ではる

⑦口金をはめ、穴あけ位置に印をつける
口金
裏袋(表)
表袋(表)

⑧口金を外し、穴あけ位置に目打ちなどで穴をあける
裏袋(表)
表袋(表)

⑨口金の溝に接着剤をつけて⑧を差し込み、付属のねじを締める
口金
裏袋(表)
表袋(表)

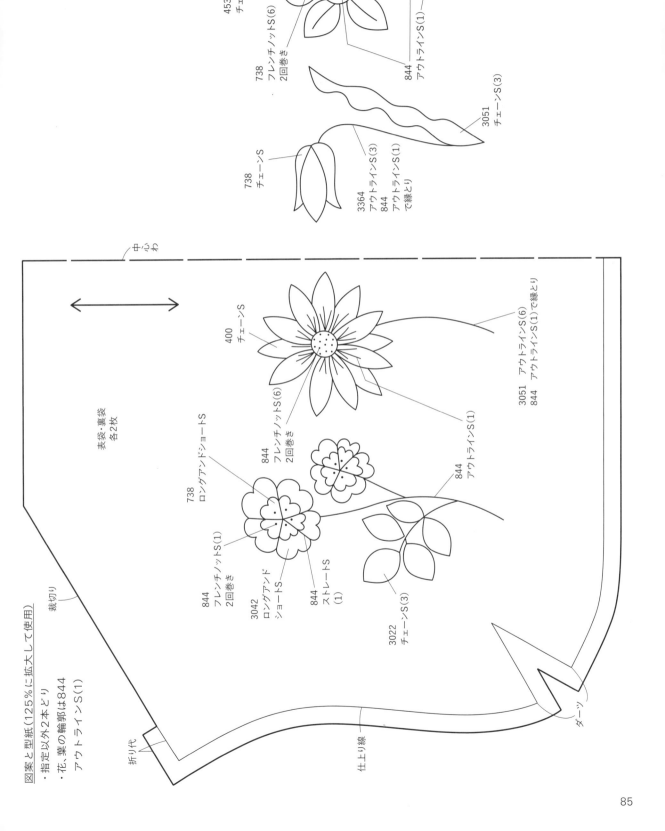

図案と型紙(125%に拡大して使用)
・指定以外2本どり
・花、葉の輪郭は844
　アウトラインS(1)

表袋・裏袋
各2枚

453
チェーンS

738
フレンチノットS(6)
2回巻き

844
アウトラインS(1)

3364
チェーンS(3)

3364
チェーンS(3)

3051
チェーンS(3)

738
チェーンS

3364
アウトラインS(3)
844
アウトラインS(1)
で縁とり

中心わ

400
チェーンS

844
フレンチノットS(6)
2回巻き

844
アウトラインS(1)

3051　アウトラインS(6)
844　アウトラインS(1)で縁とり

738
ロングアンドショートS

844
フレンチノットS(1)
2回巻き

3042
ロングアンド
ショートS

844
ストレートS
(1)

3022
チェーンS(3)

844
アウトラインS

裁切り

折り代

仕上り線

ダーツ

# ステッチガイド

### アウトライン・ステッチ

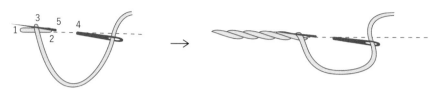

### ストレート・ステッチ

### バック・ステッチ

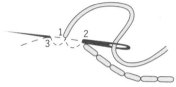

### サテン・ステッチ

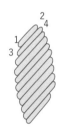

### フライ・ステッチ

### チェーン・ステッチ

### フェザー・ステッチ

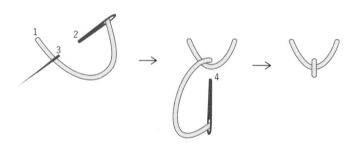

刺終りは目のすぐ外側に
針を入れる

### ロングアンドショート・ステッチ

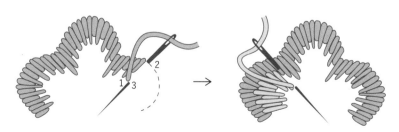

針目の長さを変えながら1列めを刺し、重なるように2列めを刺す

## フレンチノット・ステッチ 2 回巻き

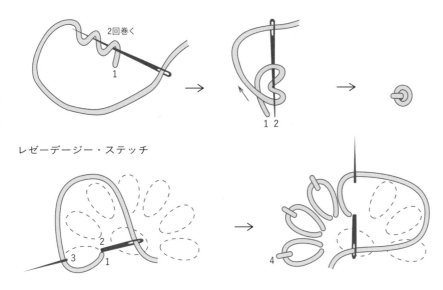

## レゼーデージー・ステッチ

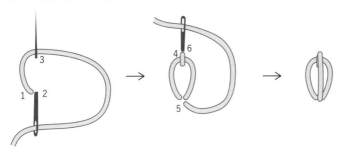

## レゼーデージー・ステッチ＋ストレート・ステッチ

## パネルの仕立て方　※画びょう、ガンタッカーを使用

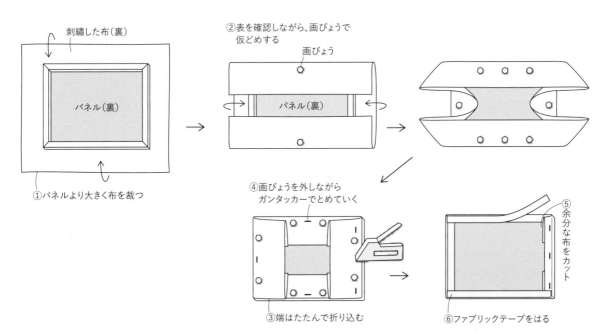

刺繍した布（裏）

パネル（裏）

①パネルより大きく布を裁つ

②表を確認しながら、画びょうで
仮どめする

画びょう

パネル（裏）

④画びょうを外しながら
ガンタッカーでとめていく

③端はたたんで折り込む

⑤余分な布をカット

⑥ファブリックテープをはる

läpi läpi　ラピラピ

出産を機に子ども服の製作を始め、独学で洋裁と刺繡の技術を学ぶ。「minne ハンドメイドアワード2018」グランプリ受賞。ノスタルジックなテーマや色づかい、どこかユーモラスな動物など、独特の作品が人気を集める。著書に『とっておきの日に着せたい刺繡でいろどる女の子の服』(誠文堂新光社)がある。

| | |
|---|---|
| ブックデザイン | 葉田いづみ |
| 撮影 | 加藤新作 |
| | 安田如水(口絵図案、材料用具／文化出版局) |
| スタイリング | 串尾広枝 |
| モデル | リナ グバーノワ |
| ヘアメイク | 髙野智子 |
| 仕立て方解説 | 吉田 彩 |
| トレース | 大楽里美 |
| 校閲 | 向井雅子 |
| 編集 | 小泉未来 |
| | 三角紗綾子(文化出版局) |

[素材提供]
DMC
https://www.dmc.com

CHECK&STRIPE
https://checkandstripe.com

角田商店
http://www.towanny.com
材料の表記は2024年3月現在のものです。

[撮影協力]
ama
(p.2, 3 パズルボール、p.17 ドールハウス)
https://www.amababy.jp/about

PETIT BATEAU
(p.33 カーディガン)
プチバトー・カスタマーセンター
TEL. 0120-190-770
営業時間 9:00〜18:00(土日・祝祭日も受付)

Rylee+Cru
(p.12 帽子・カーディガン、
 p.18 オーバーオール、p.23 カーディガン)
ブルース
TEL. 03-6438-9913

AWABEES

# 夢みる刺繡

2024年3月21日　第1刷発行

| | |
|---|---|
| 著　者 | läpi läpi |
| 発行者 | 清木孝悦 |
| 発行所 | 学校法人文化学園 文化出版局 |
| | 〒151-8524　東京都渋谷区代々木3-22-1 |
| | TEL. 03-3299-2487(編集) |
| | TEL. 03-3299-2540(営業) |
| 印刷・製本所 | 株式会社文化カラー印刷 |